落木大江

南宋金时期国务实录

顾宏义 ——

著

上海科学技术文献出版社
Shanghai Scientific and Technological Literature Press

图书在版编目（CIP）数据

落木大江：南宋金时期国务实录 / 顾宏义著．—上海：上海科学技术文献出版社，2023
（风雅宋）
ISBN 978-7-5439-8850-7

Ⅰ．①落… Ⅱ．①顾… Ⅲ．①中国历史—研究—南宋　Ⅳ．①K245.07

中国国家版本馆CIP数据核字（2023）第098090号

责任编辑：王　珺
封面设计：留白文化

落木大江：南宋金时期国务实录
LUOMU DAJIANG: NANSONGJIN SHIQI GUOWU SHILU
顾宏义　著

出版发行：上海科学技术文献出版社
地　　址：上海市长乐路746号
邮政编码：200040
经　　销：全国新华书店
印　　刷：商务印书馆上海印刷有限公司
开　　本：850mm×1168mm　1/32
印　　张：6.625
字　　数：110 000
版　　次：2023年8月第1版　2023年8月第1次印刷
书　　号：ISBN 978-7-5439-8850-7
定　　价：78.00元

http://www.sstlp.com

前　言

公元1127年，貌似强盛的北宋王朝忽然间被来自北方的女真铁骑所灭亡，宋徽宗、钦宗父子被掳北去，而宋徽宗的另一个儿子宋高宗南逃至长江流域重构偏安小朝廷，使中国大地上再次出现数个政权鼎立称雄的局面：金与南宋以淮河、秦岭为界，分治南北；西夏仍旧割据于今宁夏、甘肃等地。与北宋时期不同，南宋前后出现了70余年权相政治，帝王大多暗弱无能，并在金与蒙古（元）的频频打击下，屡屡签订屈辱的和约，领土日削月朘，苟延残喘，直至亡国。而北方的金朝，也与此前的辽朝不同，在其占据中原后，因内外多种因素之影响，国力迅速衰弱，仅能与虚弱的南宋南北对峙，形成中国历史上最后的一个南北朝。13世纪初，蒙古（元）铁骑驰下北方蒙古草原，于1227年与1234年先后灭亡了西夏与金朝，然后再经40余年激战，于1276年攻入南宋都城临安，并于1279年在岭南崖山消灭了南宋残余力量，完成了"大一统"。

南宋王朝的积贫积弱虽更甚于北宋时期,但因我国经济重心自黄河流域向长江流域转移的最终完成,以及北方人口的大量南迁,使南北文化进一步交融,也促使文化中心随之南移,从而使我国封建社会文化进入了最为光辉灿烂的时期,给后世政治制度、经济发展模式、思想文化等都以极为深刻而广泛的影响。

目 录

宋高宗应天府登基与南逃 —————— 001
从富平之战到仙人关之战 —————— 017
刘齐始末与宋金对峙 ———————— 025
绍兴和战与风波亭奇冤 —————— 040
秦桧擅政与完颜亮篡位 —————— 058
从采石之战到"隆兴和议" ————— 075
"开禧北伐"的前因后果 —————— 096
蒙古崛起后的中原形势 —————— 117
宋、蒙联合灭金 —————————— 133
从收复开封到失守襄阳 —————— 150
崖山遗恨 ————————————— 175

大事记 ——————————————— 192
后记 ——————————————— 202

宋高宗应天府登基与南逃

北宋灭亡，宋太宗的直系子孙除正在河北的康王赵构（1107—1187，宋徽宗第九子）外，几乎被一网打尽，成为金人刀俎上的鱼肉。赵构由此得到宋朝军民的拥戴，得以重构赵宋王朝，史称南宋。

1126年（宋靖康元年，金天会四年）十一月，康王赵构奉命出使河北，向金兵乞和，途经相州（今河南安阳）时，知州汪伯彦（1069—1141）告之金兵已南渡黄河，正进围京城开封（今属河南），劝其留下，但遭到副使王云（？—1126）的坚决反对，康王虽然心中害怕，却也不敢中止。二十日，康王一行来到磁州（今河北磁县），知州宗泽（1060—1128）也劝告康王不要前去金营，不如起兵增援京师。次日，宗泽邀请康王拜谒当地的应王庙。此时，磁州百姓围在庙门外号呼，要康王不要北行自投虎口。当百姓们听说王云坚持要康王北去求和，又有人发现王云的行囊中夹带有"番巾"（女真人戴的头巾),便认定他是出卖宋朝的汉奸,愤怒地将他打死,王云所携带的宋朝国书也被人撕毁。康王由此只得留在磁州。次日,康王退回相州,汪伯彦亲率军马迎接于河上,使康王大受感动,从此视其为心腹。磁州百姓杀死王云,阻止了康王北上使金,由此改变了其命运。

闰十一月,被金兵重重围困在开封城内的宋钦宗(1100—1156)眼见形势日益危急,便一改不许亲王掌军带兵的祖宗家法,派人持蜡书潜至相州,任命康王赵构为天下兵马大元帅,汪伯彦、宗泽为副元帅,命令他们急率河北勤王军马入援京师,"为国效命"。十二月一日,康王开大元帅府于相州,出任天下兵马大元帅,尽统河北兵马。十六日,康王在北京大名府(今属河北)官员的迎接下入城,并传檄召聚诸州起兵勤王,并将元帅府所属兵马万人分作中、前、左、右、后5军,以陈淬为都统制。当时京城被围,消息不通,各自为战的河北宋军听到康王就任大元帅,纷纷率军来归,使大元帅府麾下兵员增至5万余人。1127年(宋靖康二年,金天会五年)初,宋钦宗在金人的授意下,遣人持蜡诏至大名府,要康王"屯兵于附近州府,毋要行动"。康王本就不敢进军以解京城之围,见诏即率主力东移东平府(今属山东省)避敌,而让坚持勤王的宗泽率偏师进屯开德府(今河南濮阳)一带,前向开封。

三月十二日，宗泽率军至卫州（今河南卫辉）南，与金兵大战一场，大败，部将王孝忠中箭身亡，知博州孙振为乱兵所杀。宗泽在卫州收拾散兵，重整武备，与金军对峙。四月初，金人在开封城内建立了大楚傀儡政权后，逐渐北撤。宗泽得知金人掳宋徽宗、钦宗二帝北去，立即提军趋进滑州（今河南滑县），至大名府，欲会集诸勤王军北渡黄河邀击金兵，夺回二帝，但因诸军无一至者而未能成功。

楚帝张邦昌（1081—1127）在金人的马刀保护下登上了皇位，但并无统治基础，那些死心塌地为他效命的官员因在围城中积极为金人效力而声名狼藉，为拥宋之官僚所不齿，所以围城的金兵一退，宋之旧僚便纷纷反水，迫使张邦昌退位，归政于赵氏。四月四日，宋朝勤王兵陆续进抵开封城附近。五日，深感大势已去的张邦昌拥立元祐皇后（1073—1131，即宋哲宗废后孟氏，时退居道观，故未被金兵所掳去）为宋太后，并派人奉迎康王入东京登基。十日，张邦昌宣告退位，短命的伪楚政权仅存在30多天就结束了。

康王得知张邦昌退位，随即提兵来到未曾被金兵攻掠的南京应天府（今河南商丘），接管了那里的兵马粮饷。五月一日，在中外臣民的一派劝进声中，康王赵构于应天府举行即位大礼，是为宋高宗，并改靖康二年为建炎元年。南宋王朝始于此。

宋高宗即位后大赦天下，尊元祐皇后为元祐太后，后又改称隆祐太后；以黄潜善（？—1129）为中书侍郎，汪伯彦为同知枢密院事，并征召被宋钦宗贬责在南方却深孚民望的李纲（1083—1140）为右宰相，以担起抗金御敌、中兴宋朝的重任；但却以张邦昌"知几达变，勋在社稷"为由，封为太保、同安郡王，一月两赴都堂参决大事，以免过分激怒金人，为日后与金议和留下余地。

六月一日，李纲抵达南京晋见宋高宗，上奏章论十事，主张罢和议，回东京，备战整军，改革政治等，得到宋高宗的首肯。四日，贬责张邦昌等降金官员。不久又将张邦昌赐死于贬处，追赠李若水等死节之人，以激励士风。李纲为宰相后，大力整治军备，对御营司兵马与新招置的宋军进行了整顿重组，划一号令，以提高部队的作战能力，便于宋廷对军队有效控制。在李纲的建议下，宋高宗任命宗泽为开封尹、东京留守，全权负责京城军政之事；设立河北招抚司、河东经制司，任命张所（？—1127）为河北路招抚使，傅亮为河东路经制副使，招募两河武勇和散处山寨的义军，增援两河地区不愿降金而自守的州府，然后逐步进兵收复失地，构成坚强防线，使朝廷永无北顾之忧。由此一改当时南宋小朝廷杂乱无章的局面，而初成规模，朝纲得以渐次建立。

此时东京留守宗泽也在开封府整顿军备，召集兵马，修缮城池，为收复两河失地作准备。东京开封在金兵劫掠之余，一片萧条、凄凉景象，所有城防建筑悉数被毁，城内兵民杂居，物价踊贵，盗贼纵横，而金人骑兵还驻屯黄河北岸，金鼓之声日夕相闻。故宗泽首先捕斩盗贼数人，下令市中为盗者，赃无轻重，悉从军法处置；随后抚慰军民，修治城楼，整顿市容，平抑物价，出兵讨伐郊外打家劫舍的游兵散勇，招抚和收编京城周围的抗金义军，在京城四壁各置守御使，在城外根据地形建立堡垒4座，沿黄河设立连珠寨，鳞次相连。宗泽到开封50余天后，开封形势迅速好转，物价、商市活动渐同平时，守御器具渐备，人心渐定。当时在中原的陕西军、京东军、京西军等部队都愿听宗泽节制，河北、河东的山水寨忠义民兵也纷纷与宗泽联络，遥相呼应。于是宗泽连连上奏，请宋高宗早日还京，使"王室再造，中兴之业复成"。但宋高宗与黄潜善、汪伯彦君臣此时却别有打算，对宗泽的还都请求置之不理。

黄、汪两人自以为有"攀附之劳"，必为宰相，故对李纲拜相大为不满，处处与李纲为难，使李纲不少抗金政策、措施难以执行，河北招抚使张所、河东经制副使傅亮也先后因黄、汪两人无端指责而遭贬斥。李纲为此向宋高宗指出黄、汪的所作所为就是为排挤他，并以辞职表示与他们势不两立，但宋高宗正信任黄、汪两人，为安抚李纲，便于八月初升李纲为左相，却又同时升黄潜善为右相，为最终用黄罢李作准备。黄、汪两人仍不罢休，屡屡在宋高宗面前攻击李纲"狂诞刚愎"。宋高宗此时决意南逃江南，以躲避直面金兵铁骑的威胁，但遭到李纲的坚决反对，因而宋高宗遂决意罢去坚持抗金的李纲宰相之职，让主和派黄、汪等人控制了朝廷大权。此后四五天内，凡李纲在宰相任上75天中所规划的军民之政一切废罢。黄潜善还想罢免宗泽东京留守一职，但由于宗泽的威名、政绩无人可及，才只得作罢。

九月初，宋高宗听说金兵入侵河阳府（今河南孟州），也不问消息是否确实，立即下诏南巡扬州（今属江苏）。十月一日，高宗正式从应天府坐船出发，月底到达扬州。高宗南逃扬州，表明宋廷不但不想收复两河失地，甚至连中原也准备放弃了。

宋高宗南逃后，宗泽驻守的开封城，便成为两河义军抗击金军的总后方和南宋抵御金军南侵的有力屏障。北宋灭亡后，两河人民纷纷组织义军武装抗金，或依山扎营，或靠水为寨，声势浩大，斗志昂扬，活跃于大河南北、太行山东西，成为反抗金兵侵掠的重要力量。其中规模较大者有五马山义军、八字军、红巾军等。五马山义军活动于河北真定府（今河北正定）以西的五马山（今河北赞皇东北）一带，奉戴一个自称是信王赵榛（宋高宗之弟）的人以号召两河军民抗金，最盛时曾发展至10余万人，在两河地区产生重大影响。红巾军主要活动于河东（今山西）南部地区，后来扩大到河北、陕西等地。而影响最大的为八字军，其首领王彦（1090—1139）原为河北招抚使张所帐下的都统制，在张所被贬后，依然坚持抗金，活动于太行山地区。其部下为表示其抗金决心，在脸上刺下"赤心报国、誓杀金贼"8字，故人称"八字军"。两河义军纷纷响应八字军，来归者10余万人，使八字军声势大增，在太行山中建立起连绵数百里的山寨，与金兵大小数百战，威镇两河，形成一支强大的敌后武装力量，牵制了金军相当一部分兵力，以配合中原百姓的抗金战争。在宗泽的积极联络组织下，两河义军接受宗泽的号令，并先后南下，云集在开封周围。自此开封防卫日固，宗泽的威望也日盛，金人不但不敢复犯开封，而且甚是敬畏宗泽，将宗泽尊称为"宗爷爷"。

宋高宗南逃扬州，向金人发出了决意放弃中原、偏安江南的信号，金人也就乘此良机，兵分东、中、西3路南侵。

其东路军进攻山东地区，西路军进攻陕西关中地区，金左副元帅粘罕（1079—1136）亲率中路主力直攻河南地区。十二月，粘罕攻入洛阳（今属河南），然后分遣万户银术可率军进攻汉江流域，接连攻破了河南、湖北地区的汝州、邓州、襄阳府、均州、房州、蔡州、陈州、颖昌府等地。但进攻东京的金军却遭到了宗泽之军的迎头痛击，加以东、西两路金军与宋军交战失利而退，粘罕遂焚掠诸州，劫持中原居民北去黄河北岸。次年初，金兵全军撤退，结束了对南宋的第一次攻势。

在这次反击战中，一代名将岳飞（1103—1142）初显才华。岳飞原为张所麾下军官，后率部下归开封府。金军进攻汜水关（今河南荥阳西）时，宗泽委任岳飞为踏白使（执行武装侦察任务的小军官），率500骑兵前往侦察。岳飞领命前行，在汜水关与金兵接战，岳飞一马当先，麾军直前，金军很快溃散而退。岳飞凯旋，宗泽任命他为统领，不久升为统制。据《宋史·岳飞传》，宗泽对岳飞的才干非常赏识，但认为他不习阵法而好为野战，感到甚为可惜，便给他一些阵图让他学习研究。他对岳飞说："你勇智才艺，古代良将不能超过，然喜好野战，非万全之计。"岳飞答道："兵家之要，在于出奇，不可测识，始能取胜。"并说："列阵而后战，为兵法之常，而运用之妙，存乎一心。"宗泽沉默片刻，肯定了岳飞的见解。岳飞的这几句话，后来成了著名的军事格言。

宗泽击败金人进攻后，为北伐收复失地积极进行准备，并前后连着上了24道奏章，劝高宗早日回到东京，重建都城，但高宗就是待在扬州不予理睬。宗泽眼看北伐无期，忧愤成疾，疽发于背。宗泽对前来看望他的众将说道："吾因二帝蒙尘，愤愤至此，你们能歼敌，则我死无恨！"众将感奋流泪，同声表示："敢不尽力！"宗泽此后对余事一概不问，只是悲愤地反复长吟唐代诗人杜甫《蜀相》诗句："出师未捷身先死，长使英雄泪满襟。"1128年（宋建炎二年，金天会六年）七月十二日，宗泽病重而死，临死前连呼"过河"3声，赍志以没，终年70岁。后宋廷赠宗泽官观文殿学士，谥忠简。

宗泽死后，宋廷即派"酷而无谋"的杜充（？—约1140）来做东京留守。杜充遵照宋高宗要"遵秉朝廷，深戒妄作，以正前官之失"的嘱咐，一反宗泽的做法，立即中止北伐准备，断绝对两河义军的任何联系与支援，使金军得以竭尽全力镇压两河百姓的抗金斗争，太行山、五马山义军先后瓦解了，而两河与山东等地尚未失陷的州县，也因孤立无援而纷纷陷落，从而使宗泽竭力营建的大好抗金形势顿时冰雪消融，急转直下。金兵得到宗泽的死讯后，决计再次向南宋用兵。

八月，金西路军进攻陕西，接连攻破城池，宋安抚使折可求以麟（今陕西神木）、府（今陕西府谷）、丰（今陕西府谷西北）3州降金，宋陕西防线几乎崩溃；金东路军攻下冀州（今属河北），随后粘罕与右副元帅完颜宗辅（1096—1135）两军会师于濮州（今河南濮阳）城下，并先后攻占了河北、山东诸城。十二月，宋知济南府刘豫（1073—1146）杀死坚持抗战的将领关胜后降金。

面对金军的不断进攻，维系天下安危和坚定民众抗敌信心的东京开封城，在杜充的倒行逆施下，人心疑沮，猜忌日盛，聚集于宗泽旗下的百万义军不由得离心离德，就此瓦解，大部成为游寇式的武装集团，向南游动劫掠而去。而沉醉于扬州温柔乡里的宋高宗为能保住富贵，不断遣使屈膝腆脸向金乞和。但金军兵锋正盛，根本未把侥幸逃出金人手掌的宋高宗放在眼里，而是发布了"康王赵构当穷其所往追之"的诏令，就是命令金军，不管宋高宗逃到哪里，都要坚决追逐不放，以彻底消灭赵宋王朝。

十二月，宋高宗任命既无谋略又专权自恣的黄潜善、汪伯彦为左、右宰相，并自得地表示："潜善作左相，伯彦作右相，朕何患国事不济！"黄、汪两人对他的报答是"言事者不纳其说，请兵者不以上闻"，使宋高宗得以在深宫内夜以继日，恣情快乐。1129年（宋建炎三年，金天会七年）正月底，金军攻占了中原战略重镇徐州（今属江苏）后，粘罕另派奇兵长途奔袭扬州，欲生擒宋高宗。二月二日，金军先锋500骑进攻天长军（今属安徽），宋天长守军近万人竟不战而溃遁。是日深夜，去天长军探事的内侍狼狈奔还内宫，急报金军将至，宋高宗慌忙披甲乘马，出城急驰至瓜洲渡口，得一小舟仓皇渡过长江，随行者仅亲兵数人和御营都统制王渊（1077—1129）、礼部侍郎张浚（1097—1164）、内侍康履（？—1129）等人。次日，满城官员、百姓争相夺门而出，践踏而死者、奔挤坠江者无数，哀号不绝。傍晚，金将先锋500骑驰至江边的扬子桥，因一时难觅舟船，加上大雨滂沱，积水盈地，只得望江顿足长叹。滞留在江边来不及渡江的难民10余万人，大半被金兵拥入江中淹死，丢在江边的金帛珠玉堆积如山。金兵因孤军深入，在扬州城大肆焚掠一番后北撤。

侥幸脱险的宋高宗执意不顾臣下反对，不愿留在镇江（今属江苏）、建康府（今江苏南京）一带组织军民"以图恢复"。他任命朱胜非（1082—1144）兼御营副使，节制平江府（今江苏苏州）、秀州（今浙江嘉兴）军马，以张浚为副；拜吕颐浩（1071—1139）为同签书枢密院事、江淮两浙制置使，屯守镇江；命御营中军统制张俊（1086—1154）率兵8000人守吴江县（今属江苏）。二月十三日，宋高宗车驾至杭州（今属浙江），以州府为行宫，但百司官员到来者十无一二。为收民心，宋高宗依照宋朝惯例发布罪己诏书，并迫于日益尖锐的朝野舆论，免去黄、汪两人的宰相职务。三月初，高宗任命朱胜非为左相，不久又命王渊为同签书枢密院事。但王渊的任命却激发了一场兵变。

王渊平日附和黄、汪两人主张逃跑，此次扬州溃逃，身为御营都统制的他负有重大责任；而宦官康履等恃恩用事，作恶多端，时常凌辱诸将，军中甚为愤怒。扈从统制官苗傅（？—1129）、刘正彦（？—1129）利用扈从禁军的愤恨情绪，打着"为天下除害"的旗号，于三月五日发动兵变，杀死王渊及康履等百余名内侍，进逼内宫，迫使宋高宗退位，立年仅3岁的皇太子为帝，改元明受，由孟太后垂帘听政。史称"明受之变"。但苗、刘两军所为，并未得到其他军队的响应和赞同，驻守于平江府的张浚会集将官张俊、刘光世（1089—1142）、韩世忠（1089—1151），并联络知江宁府吕颐浩等人讨伐苗、刘。苗、刘两人迫于压力，只得同意孟太后撤帘还政，让宋高宗复辟。但张浚还是率军攻入杭州，苗、刘两军接战不利而夜遁。五月，韩世忠率兵入福建，擒获苗傅、刘正彦等人，送行在伏诛。与此次兵变有牵连的将官、大臣非诛杀即贬斥。连年仅3岁的小皇子，不久之后也因其曾被推拥登帝位而无故暴卒。

苗、刘兵变后，宋高宗迫于朝野主战舆论，于五月来到建康府，欲在此指挥抗金大业。但深入骨髓的恐金心理，使宋高宗不可能考虑亲率六军北进收复失地之策，反而为减小目标，让孟太后率领宗室和无关军机的官员、百司去洪州（今江西南昌），同时连遣使者至金求哀。但金廷不愿南宋小朝廷存在，决定兵分4路南侵，以消灭之：挞懒（？—1139）攻取山东及淮北地区；兀术（？—1148）由应天府南下，进攻江南地区，以擒获宋高宗为目标；拔离速、马五由河南南下进攻江西、荆湖地区，以追击孟太后等人；娄室（1077—1130）进攻陕西。

七月底，面对金军即将发动的新攻势，宋东京留守杜充责成副留守郭仲荀留守开封，自己却率主力军南逃建康府。不久，郭仲荀等也相继逃出京城。次年二月，金兵占领东京。至此，宋朝在两河、中原的重要城镇均为金人占领。中原百姓深感抗金无望，孤城难守，纷纷南迁，大多来到了江南。

八月末，宋高宗听到金兵南下的消息，赶紧拜吕颐浩为左相，拜从东京逃回的杜充为右相，并命杜充为江淮宣抚使守建康府，韩世忠镇守镇江府，刘光世驻屯江州（今江西九江），并受杜充节制；以张俊、辛企宗率御前禁军卫护，自建康府东逃。十月初,高宗抵达杭州,升杭州为临安府,打算以临安府为行在所(临时都城)。但金军侵占淮东的战报随后传来,宋高宗感到临安府仍不安全,便渡过钱塘江,逃向浙东。

十一月下旬,金军兀术部在占领了长江北岸的和州(今安徽和县)、无为军(今属安徽)等地后,乘宋军无备,在建康府西南的马家渡渡过长江,长驱而入,杜充不战而降。宋朝整个江南防线虽然崩溃,但宋军并未全部放弃抵抗。不愿降金的岳飞率部下离开建康府,退向宜兴(今属江苏),韩世忠自镇江府退向江阴(今属江苏),各自为战。兀术率军经广德军(今属安徽),过独松关,直抵临安府。独松关在临安西北,是防守临安的重要关隘,但宋军并没派一兵一卒在此守卫。金兵经过关口时,兀术笑对其部下说道:"南朝可谓无人,若以羸兵数百守此,吾等岂能速度哉!"宋高宗闻听杜充投降,急忙自明州(今浙江宁波)逃入大海。兀术入临安,即遣精兵四千骑急赴明州追击宋高宗,留守明州的张俊抵挡一阵后逃走。1130年(宋建炎四年,金天会八年)正月,金兵攻占明州。为抓获宋高宗,惯于骑战的女真人竟不畏艰险,冒险乘海船,经昌国县(今浙江舟山市)南追宋帝御船达300余里。幸亏金船遇到大风雨,又被宋朝枢密院提领海船张公裕所率的战船冲散，才使宋高宗又逃过了一大劫难。于是宣称"搜山检海已毕"的金军，于二月带着掠夺来的大量财物，坐船沿着江南运河北撤。金兵撤军途中，一路烧杀，将明州、临安府、平江府等州县焚毁殆尽。江南各城自唐朝中期以来日渐繁荣，三四百年间未遇大兵大灾，至此遭到重大破坏，化为一片废墟。三月初，金军10万之众来到镇江，遇到了宋军韩世忠部的猛烈阻击。

当时在江阴、华亭（今上海松江）一带活动的韩世忠得知金军北撤，便率所部8000余人，募得海船百余艘，重新回到镇江，屯兵于江中的焦山寺，截断了金军的退路。三月十五日，宋、金两军大战于江中，韩世忠驾海船英勇迎敌，使壮士拿着系有大钩的铁索，待敌船靠近，便以铁钩搭住，将其俘获。韩妻梁红玉（？—1135）还亲自击鼓助战，士气倍增，打得金兵狼狈不堪，兀术女婿龙虎大王也被宋军擒获。兀术无奈之余，只得向韩世忠表示，愿以尽归所掳掠的财产和人口为代价，向宋军借道北归，但遭到韩世忠的严词拒绝："还我二圣，复我疆土，则可以相全。"金军见无法从镇江北渡，便沿长江南岸西上，韩世忠军则沿长江北岸与金军并行，且战且走，将金军逼进了建康府东北70余里处的黄天荡。黄天荡是一条死水港，宋水军堵死了出口处，金军多次突围均告失败，在荡内整整待了20余天。后来兀术得到当地土著居民的指点，一夜开挖淤塞的老鹳河故道50里，于四月十三日逃出黄天荡，来到建康。次日清晨，宋军发觉金军逃走，急忙起锚追赶，又在建康北面的长江里将金兵北去之路堵住。二十五日，金军乘天晴无风、海船行动不便之机，以轻便小船靠近宋军大船，用火箭进攻，宋军海船顿时火焰蔽空，一片混乱，只得顺水退兵，金兵乘机渡江北归。

进攻江西、湖南的金军，听到兀术自临安府北撤，也于二月末撤军北归，四月末在宝丰（今属河南）宋村，遭到弓手牛皋（1087—1147）率领的忠义民兵的袭击，金军大败，金将马五也被宋人生擒。

黄天荡一战，虽最后以宋军失败而结束，但韩世忠率8000士兵与10万金军大战48天，杀伤了大批金兵，使金军在江南掠夺的大量财富、人口无法全部带走，金人的嚣张气焰遭到了沉重打击，使金军从此以后不愿再过江作战了。兀术穷追宋高宗未果北还，证明金朝已无法通过掠夺之法征服南宋，受阻黄天荡，也证明金军之军力一时难以灭亡南宋。因此，金朝进攻江南的战争暂告一段落，而将主战场转向陕西。宋高宗君臣也因惊恐未定，而无意于北进，由此江淮地区的形势暂时得以稳定。

从富平之战到仙人关之战

陕西地区在宋金战争中具有极其重要的战略地位。对宋朝来说，占据陕西，进可以反攻中原，退可以屏障四川，而且宋朝的精兵猛将大多出于此。故在金廷商讨南进路线时，粘罕就极力主张先取陕西，认为占领了陕西，既可由此控制南宋，又利于在适当时候实施其兼并西夏的企图。正因为此，宋高宗为保证偏安政局能维持，早在1129年五月，便任命张浚为川陕宣抚处置使，听便宜行事。十月，张浚抵达汉中兴元府（今陕西汉中），将归他节制的八字军驻屯在金州（今陕西安康）、均州（今湖北丹江口）等地，扼守中原与川陕接合部；并任命赵开（1066—1141）为随军转运使，专掌四川财赋，以保证后勤军饷需求；任命刘子羽（1097—1146）为帅府参议军事。刘子羽推荐泾原都监吴玠（1093—1139）及其弟吴璘（1102—1167）的才勇，张浚即以吴玠为统制，以吴璘执掌帐前亲兵，二吴成为张浚麾下得力将领。十二月，张浚承制拜陕西大将曲端（1091—1131）为威武大将军、宣抚处置司都统制。张浚在陕西积极整顿武备，以图恢复中原。

当时，处于晋、秦、豫之间的陕州（今河南三门峡市）知州李彦仙（1095—1130）修城疏濠，练兵屯田，四周义军如洛阳、晋南等地忠义民兵都表示愿接受李彦仙的节制，成为金军进攻河南、陕西时的后顾之忧。为拔掉此眼中钉，使金兵能全力西取陕西，是年十二月，金陕西军都统娄室会合大军围攻陕州。李彦仙向张浚求援，张浚命曲端出兵救援。但曲端认为陕州在金大兵围攻之下难以守住，宋军自陕西增援有被金人歼灭的危险，加上曲端对张浚年轻（时年仅33岁）而担此川陕重任很不以为然，故对张浚的作战命令多有保留，此时为保存实力计，按兵不动，拒不前往营救。陕州军民在李彦仙的指挥下，坚守到1130年正月，大小200余战，前后毙伤敌兵数万人，最后粮尽弹绝，终于被攻陷。李彦仙愤而投河自尽，年仅36岁。

金军攻占陕州后，便西入潼关，进攻陕西。四月，吴玠在彭原一带激战，曲端因不满吴玠与张浚关系日密，屯兵不进，吴玠军因而大败，部将杨晟战死。吴玠对曲端拒不应援极为愤怒，对之大骂，于是曲、吴二人反目成仇。

张浚当初与宋高宗分手时曾有3年以后进取中原的约定，

但张浚看到金军主力此时仍屯驻于两淮，怕其一到秋冬再次南侵江南，担心南宋偏安局面就此完结，故决定不顾本身不利条件而在陕西大举反攻，以分金国兵势，减轻江南宋廷的军事压力。对此决定，刘子羽、吴玠等都提出不同看法，曲端更是极力反对。在与曲端"有宿怨"的宣抚司参议王庶（？—1142）的建议下，张浚以追究彭原之败的责任为名，罢去了曲端的兵权。

七月，金太宗看到宋陕西兵力雄劲，便调右副元帅宗辅前去陕西指挥，并将兀术所部精兵2万余人从江淮地区调到陕西前线。九月，宗辅抵达陕西洛水，以娄室军为左翼，兀术军为右翼，合击富平（今陕西富平北）。张浚檄召熙河经略使刘锡、秦凤经略使孙渥、泾原经略使刘锜（1098—1162）、环庆经略使赵哲、永兴军经略使吴玠5路兵马，合骑兵六七万，步兵十二三万，号称四十万，以刘锡为都统制，进趋富平。金军因人数远不及宋军，便使用骄兵之计，每次约期会战，到时总是闭营不出，使宋军误以为金兵是胆怯不敢出战，张浚因此连连督军进攻。二十四日晨，金军兀术在左，娄室在右，发动了进攻。宋军在刘锡的指挥下奋勇应敌，经半日激战，兀术军一度陷入重围，但金右翼军殊死作战，杀向环庆军。因宋各军临时集合，相互之间联系不够，赵哲虽然奋勇厮杀，终因势力不支而溃，影响了其他诸军斗志，纷纷败退。金军乘胜而进，宋军全线溃败。此时，张浚拒不检讨自己昧于军事而一意孤行的错误，反而将责任推给属下，将刘锡罢官，流放于合州，召环庆军帅赵哲斩首示众，以杀戮立威。如此处置，环庆将士甚为不服，在别有居心者的鼓动下，纷纷降金，陕西大震。

富平会战，是宋金战争史上规模最大的一次决战，也是宋军遭受最惨的一次败仗。经此一战，陕西5路尽入于金，断送了陕西形胜之地，陕西精兵也全部溃散，致使西线宋军长期处于守势，宋朝恢复中原失地的期望更为遥远，南宋偏安之局由此彻底形成。

吴玠自富平败后，收得散兵数千人，屯兵积粮于和尚原，以阻止金兵侵入四川。1131年（宋绍兴元年，金天会九年）五月，金军几万骑兵分两路进攻和尚原。吴玠军扼守险峻的山谷，使两路金军无法会师，金军败退而还。十月，金帅兀术率领10万精兵，扎下连珠寨，垒石为城，步步为营，攻向和尚原。吴氏兄弟在与金兵的多次交战中逐渐摸索出敌我双方的短长，选用硬弓强弩对付金兵铁骑重甲，命将士分为数队，轮流发射，箭下如雨，号称"驻队矢"，有效抑制了金兵的特长。激战3天后，金兵力尽而退，又遭遇宋军伏兵，被杀得大败，兀术身中两箭，易服遁去。

和尚原的胜利，初步稳定了宋军西线形势。好护己短的张浚因富平一战宋军大败，故对主张持重、反对出兵浪战的曲端心怀愧恨。曲端虽为陕西名将，长于兵略，治军严明，深得士心，威名远播，但因恃才傲物，而与其他大将交恶。八月，张浚在王庶、吴玠的极力劝说下，以曲端知其部将张中孚等降金为罪名，将其下狱杀死，年仅41岁。由于曲端"谋反"一事实属"莫须有"，故至是年底，张浚还是不敢向宋廷报告处死曲端的实情，但亦编造不出"谋反"的确凿证据。曲端之死，是南宋初年震惊朝野、其后果仅次于秦桧杀岳飞的一大历史冤案，同为自毁长城之举。曲端冤死，造成了非常严重的后果，据《齐东野语》云，"陕西军士皆流涕怅恨，多叛去者"，此后金军进攻汉中宋军时，赵哲、曲端原部下溃兵就参与其中。1132年（宋绍兴二年，金天会十年）底，宋廷因张浚所作所为引起川、陕很大的混乱，就以"疑张浚杀赵哲、曲端为无辜"为名，将张浚召回临安府罢官。

1133年（宋绍兴三年，金天会十一年）正月，金将撒离喝为了占领汉中、川北的"剑外十三州"，针对吴玠驻屯河池（今陕西凤县东）仙人关，吴璘驻屯和尚原，东西呼应的阵势，派偏师西进以牵制吴家军主力，自己率主力由长安向东南进攻商州（今陕西商洛），沿汉水西上，占领金州，攻向兴元府。知兴元府刘子羽得报，一面急派统制官田晟守住饶风关（在今陕西西乡县北汉江北岸），一面遣使向吴玠告急求救。吴玠得报，立即率数千精兵，一天一夜急行军300里，赶赴饶风关。金兵身披重甲，1人在前，2人随后，爬山仰攻关口，前者死，后者立即补上。吴玠指挥士兵用弓弩乱射，再用大石滚压，激战了6昼夜，死者山积。此时有个宋军偏将投敌，领金兵从小路绕到关后高地，居高临下夹击宋军，宋军不支而溃。吴玠退向仙人关，刘子羽退出兴元府，屯兵三泉县（今陕西勉县西南），再退至潭毒山（今四川广元北），筑垒防守，王庶去巴州（今四川巴中）招抚流亡军民，巩固米仓山防线。四川大震，形势岌岌可危。金兵进至潭毒山十数里之处，见四川已有准备，潭毒山上地形宽平，又有水源，下临嘉陵江，是守卫蜀口的险要所在，难攻易守，而吴玠又在其后方仙人关，不敢深入，退回兴元府，又在那里待了一个月，进退两难，天气渐热，粮饷不继，最后只得从斜谷撤军。金军退兵途中，遭到吴玠军的袭击，损失颇大，辎重全部抛掉。兴元府、金州等地又被宋军所收复，双方又恢复了此战役开始前的态势。

饶风关之战后，宋、金双方都作了新的占领部署。宋朝川陕宣抚司重新划分了陕西前线防区：吴玠屯兵仙人关，王彦屯兵通川，刘锜屯兵巴西，关师古屯军武都。吴玠考虑到和尚原远离四川，粮运困难，遂放弃和尚原，另在仙人关附近筑垒，号"杀金坪"，严阵以待。金朝也再次派兀术来指挥川陕战场，于十一月占领了和尚原，准备发动新一轮的入蜀战争。

1134年（宋绍兴四年，金天会十二年）二月，兀术指挥金军10万人进攻仙人关。吴玠派1万士兵守杀金坪，以挫金兵锐气。吴璘率军从七方关驰援，转战7昼夜，与吴玠合兵。三月，金军凭借优势兵力，将宋军压退至杀金坪后的第二道防线。此时，金生力军大至，连日急攻，士兵身披两重盔甲，以铁钩相连，不顾伤亡，鱼贯而进。吴氏兄弟命驻队矢轮射，箭下如雨，金军伤亡惨重，但士兵却似不闻不见，踩着死尸向山上攀登。金大将撒离喝在阵后督战，见状大喜道："吾得之矣！"有些宋将见此，主张退却，吴玠以刀划地，严正地宣示："死则死此，退者斩！"稳住了阵脚。第二天，金军进攻宋军营垒西北角的敌楼，宋将姚仲登楼酣战。金兵用火攻楼，姚仲用酒将火浇灭。吴玠急命亲信勇将率领精兵，用长刀大斧杀入敌阵，左右冲突。相持到晚上，宋军在四面山里点起无数火把，战鼓震天动地。又过了一天，宋军奋起反攻,敢死士分紫、白两色旗帜杀入金营,金阵势动摇,金大将韩常被箭射伤左目。吴玠乘势全军而进,金军难以抵挡,连夜逃遁。兀术退军时,又遭到了吴家军的劫营伏击,金兵由退却变成了溃败。吴氏兄弟乘胜收复了凤、秦、陇等州。对于此次战役,金人以为一定能取得胜利,可乘势攻下四川,所以金军自兀术以下,都把家属带了来,不料却是一败涂地。金人见难以战胜吴家军,就还军屯兵凤翔府(今属陕西),授与士兵土地屯耕,为久留之计。

金朝自富平之战后,将注意力集中在西线,欲先占据四川,再与东路军合击偏安江南的南宋小朝廷。但在吴玠的奋力抗击下,金军计划受挫,尤其是杀金坪一战,粉碎了金军入川战略,从而使宋、金战线稳定在秦岭一带。金军由于其在陕西作战中损失了大量有生力量,使其战线过长、兵员不足等弱点进一步暴露,由此加速了宋、金南北对峙局面的形成。

刘齐始末与宋金对峙

兀术南渡长江作战失败，促使金朝决定仍然在中原地区建立附庸政权，以作为其与南宋之间的缓冲，使其全力镇压北方两河地区的反金义军，稳定其统治。1130年九月，金太宗立刘豫为傀儡皇帝，国号"大齐"，父事金主，建都大名府，建元阜昌。刘豫当上儿皇帝后，任命降金宋臣为宰相以下官员，以其子刘麟为提领诸路兵马兼知济南府，执掌兵权。刘齐统治区域为河南、山东地区，此后金朝又把陕西5路划归刘齐政权。1132年四月，刘豫迁都汴京开封。

金朝立刘豫的目的就是为了对抗南宋，而刘豫也深知南宋在南方的统治一旦稳固，自己"皇位"就难以保持，故屡向金朝建议用兵，认为只有占领长江以北的全部土地，才无南顾之忧，两河才能得以安定。金朝也知单凭刘豫的力量难以抗衡南宋，所以数度遣军会合齐军南侵。此时金人正全力经营两河及陕西地区，故南下军队并不太多，在淮河沿线与宋军对抗的主要是刘豫齐军。由此使南宋朝廷面临的军事压力大为减小，而得以腾出手来治理因游寇溃兵造成的混乱。

兀术北撤江北的当年（1130）四月，宋高宗即弃船登陆，驻跸于越州（今浙江绍兴），逐渐建立、恢复朝廷相关制度：罢主管军政的御营司，事权归枢密院，以知枢密院事（后增设枢密使）为其长官；大量省并机构，合门下、中书、尚书三省为一，裁减官员，使有些机构的官员只及北宋时的一半，甚至仅三分之一；改执政官门下侍郎、中书侍郎为参知政事，废去尚书左、右丞。为适应战时需要，在各路普遍设立安抚使，另置制置使、招讨使、宣抚使、都督军事（督视军马）等职，负责一地的防御和治安等事务。同时将全国军队重组成御前五军和御营五军，由各军都统制、副都统制或统制统率，分屯前沿各地，称屯驻大军；御营使司罢后，改御前五军为神武军、御营五军为神武副军。不过与北宋不同，南宋初军队是在非常时期中建立发展起来的，故其将帅与士兵之间有着相当密切的联系，将帅对自己的部队拥有绝对的控制权。为此宋高宗无时无刻不在考虑收回诸将兵权，以防肘腋之患，使偏安政局得以长久地维持下去。南宋朝廷对官制的调整，使行政机构精简集中，也相对减小了紧迫的财政危机，有利于新形势下的君主集权专制。

在宋高宗停留越州期间，发生了一件对南宋政局发展影响甚大之事，即秦桧从金南逃而归。秦桧（1090—1155），宋钦宗靖康年间为御史中丞，因反对拥立张邦昌为帝而被金军驱掳北去。至燕京后，秦桧因向金人献媚而得到金帅挞懒的赏识，随挞懒南下淮南作战。是年九月底，金军攻破楚州（今江苏淮安）。十月初，随金军南下的秦桧携带夫人王氏、仆婢等人逃至宋界，于十一月初辗转来到越州。对秦桧能在两军对峙之时携全家从金营安然逃脱，宋廷百官大多表示怀疑，认为是金人有意纵归。从《大金国志》有关记载上看，这一怀疑是颇有道理的。但宋高宗对此不以为然，加上此时宰相范宗尹、同知枢密院事李回一向与秦桧友善，向天子力言其忠，"尽破众疑"，以及秦桧于靖康年间在开封城内的表现，故宋高宗随即便召见秦桧。秦桧对宋高宗转达了女真贵族的许和信息，颇符合只想偏安一隅的宋高宗之意，由此秦桧得到宋高宗的赏识，被授予试礼部尚书之职，次年二月又擢升为执政。七月，范宗尹罢相，秦桧觊觎相位，便公然扬言"我有二策，可耸动天下"。于是宋高宗便命吕颐浩为左相，以秦桧为右相兼知枢密院事。高宗任秦桧为相，是向金人作出一个明显姿态，即南宋已作好屈膝乞和的准备。但此时执掌金朝实权的粘罕正全力进攻川陕，以最终消灭南宋为目标,还无意于媾和,故南宋这一举措并未获金人的响应。不久,秦桧欲"耸动天下"的两策出笼,即"南人归南,北人归北"8字,其意是南宋承认金朝对两河、中原人民的统治,将随南宋政权逃亡南来的、原籍北方的官员、将士、百姓送回到金占区,而金朝允许南宋偏安东南作为回报,使双方各安所居。宋高宗对此颇感难堪:其一,当时人们一般认为,北方人身材魁梧,勇敢善战,东南之人则较柔软脆弱,不宜当兵,而南宋初将士绝大多数出生于陕西、两河等地,如将他们一律遣返原籍,那么南宋政权就"国将不国"而自动消亡了。其二,如宋高宗自己所说的:"秦桧言南人归南,北人归北。朕北人,将安归?"于是宋高宗在满朝官民"交口合辞以为不可"的气氛下,宣告了秦桧的罪状,罢免其宰相之职,贬黜出朝,并表示永不再录用。

随着对金战场形势的缓和,和北方大批溃兵、"游寇"南下,给南宋社会稳定带来了极大的危害,故宋高宗将宋军主力从前线调回,大力平寇安内,巩固其统治。当时溃兵、"游寇"等遍及长江南北,总数不下百万之众,其中规模较大者有张用、王善、李成等部。1131年正月,宋高宗改命张俊为江淮路招讨使,讨伐叛匪。此时李成部将马进攻陷江州城守,李成驻守江州城,另派部将邵友攻占了筠州(今江西高安）和临江军（今江西省樟树市临江镇）。张俊闻讯，急率军进驻在江州、筠州之间的洪州（今江西南昌），一战击溃马进。马进败退筠州，拨归张俊指挥的岳飞自请为先锋，亲率200骑向前冲阵，余兵埋伏于后。马进见宋军人少，麾军搏击，遭到伏兵的袭击，张俊又遣大军前来增援，马进败逃江州，死者数万人。李成不甘失败，亲率兵马反扑，被宋军击败，慌忙退向长江之北。五月，李成军主力在蕲州（今湖北蕲春）被张俊击溃，部将马进、孙建等被杀。势穷力尽的李成率余众北降刘豫，宋军乘势收复淮西诸州县，并迫使屯驻江西分宁县（今江西修水）的张用5万兵马接受了宋朝的招安。

七月，张俊从江西班师还朝，岳飞因战功第一，被升任神武右副军统制，留在洪州"弹压盗贼"，不久再擢升为神武副军都统制。当时南宋部队，多由溃兵、义军、游寇等收编而来，虽勇猛敢战，但十分散漫，骚扰民间，有时甚于盗贼。岳飞对此军风深恶痛绝，自独立掌军之日起，就用严厉的军纪约束将士，凡有践踏民间禾稼，巧取豪夺百姓者都必斩无赦，形成"冻死不拆屋，饿死不掳掠"的良好军纪，由此被百姓尊称为"岳家军"。军纪极严且战斗力极强的岳家军，也赢得了敌人的敬畏，"撼山易，撼岳家军难"，正是出自屡屡被岳家军打得狼狈逃窜的金兵之口。

在张俊、岳飞荡平李成之时，宋将刘光世剿灭了活动于江南地区的邵青叛乱，韩世忠也率部进入福建，消灭了占据建州（今福建建瓯）等地的范汝为之乱，由此使南宋腹心地区的"游寇"、兵乱大都被平息，南宋小朝廷的统治逐渐稳固。宋廷便令韩世忠、岳飞征讨湖广地区的曹成、马友、李宏和刘忠4支"游寇"。

1132年正月，岳家军暂住袁州（今江西宜春），等候与韩世忠部会合，共讨叛贼。三月中旬，曹成放弃道州（今属湖南）巢穴，分兵两路南下，一攻广西贺州（今广西贺州东南）等地，一北上永州（今湖南零陵），再折往南进攻桂州（今广西桂林）。岳飞探知实情，率军尾追曹成，于桂州城下、荔浦县东北的莫邪关、贺州城下、桂岭县北藏岭等地连战连胜，将曹成10余万军队打得四散逃窜，曹成部勇将张全、杨再兴等人都被擒获。曹成本人落荒而逃，退向邵州（今湖南邵阳），正遇到韩世忠率军自福建潜行至洪州赣水边，连营数十里，迫使走投无路的曹成率余部8万人投降。随后不久，李宏袭杀盘据潭州（今湖南长沙）的马友，但不久就被韩世忠部所缴械，李宏投降。盘据岳州（今湖南岳阳）的刘忠，在白面山被韩世忠彻底击溃，只得逃向淮西，降于刘豫。活动在江西北部、叛服无常的孔彦舟（1107—1160），怕韩世忠经过自己防区时顺便也将他给解决了，也率所部北降刘豫。至此，南宋境内的"游寇"基本被消灭。

此时中原百姓不满刘齐傀儡政权的统治，纷纷南下，刘豫也设立招受司"诱宋逋逃"，使南宋地区之失意者与被宋军击败的溃兵、游寇不断北向投靠刘豫，增强了刘齐军队的实力。刘豫乘南宋忙于平乱之机，派李成会合金兀术部南下攻占了战略要地襄阳府（今属湖北），使南宋长江防线出现了一个大缺口，南宋政权联络江南、川陕的通道有被截断之忧。1134年春，宋廷命岳飞兼任湖北路前线统帅，率所部收复襄阳等6州，并命韩世忠以万人屯军淮东以为疑兵。但宋高宗抵抗金兵的最终目的在于能长久地保住其偏安局面，故限令岳飞只准收复襄阳6州，不准辄出以上州军界分，敌军若逃遁出界，不须远追，"亦不得张皇事势，夸大过当，或称提兵北伐，或言收复汴京之类，却致引惹"。五月初，岳飞率军自鄂州（今湖北武汉）渡江北上，迅疾攻破郢州城（今湖北钟祥），齐守将京超骁勇敢战，人称"万人敌"，城破后自杀。随后岳飞亲率大军直趋襄阳，齐将李成出城依襄江结阵迎战，岳飞以长枪步兵去攻击敌之骑兵，指挥骑兵去进攻敌之步兵，使李成军步兵溃散，骑兵马匹中枪后纷纷倒毙，引起一片混乱，不少人马都被拥挤推入江中，一败涂地，伤亡惨重。十七日,岳飞顺利进入了襄阳城。十八日,岳飞部将张宪(?—1142)等攻占了随州(今属湖北)。李成自襄阳败退后,随即纠集兵马,会合金军,在邓州(今属河南)西北列寨30余座,欲与宋军决一死战。七月十五日,岳飞遣兵迎战,一举粉碎了敌军的顽抗,金将200余人被擒,邓州、唐州(今河南唐河)和信阳军(今属河南)随即被顺利收复。

岳飞按预定计划收复了襄阳等6州失地。因襄阳地区久经战乱,粮饷供应困难,且又有宋高宗禁止出襄阳6州之境的诏令,故岳飞在布置好戍守事务后,将大军撤回鄂州屯驻。襄阳之战,是南宋立国8年来进行局部反攻的一次大胜利,收复了大批失地,成为宋金战争发生重大转折的标志之一。为此宋高宗升任岳飞为清远军节度使、湖北路荆襄潭州制置使,统辖襄阳府路,晋封武昌开国侯。当时南宋已建节的大将仅刘光世、韩世忠、张俊和吴玠4人,而岳飞此时年仅32岁,这在宋朝历史上还是从未有过的。

在岳飞收复襄阳、邓州地区后,刘豫数次请求金朝出兵进攻南宋,得到了金将宗辅、挞懒等的支持。金廷派兀术为前军统帅,以刘麟的齐军为配合,避开岳飞的防区,沿汴河南进。九月末,金兵兵占楚州,宋韩世忠部退向镇江府。宋高宗大惊,即命张俊所部往援,命刘光世部移驻建康府。于是韩世忠北进扬州，乘敌不备，打了几个小胜仗。十一月，金军战滁州（今属安徽），宋调整防线，韩世忠退守镇江，张俊移守常州（今属江苏），以赵鼎（1085—1147）为宰相，起用张浚知枢密院事，都督江上之兵，指挥全军，并命岳飞所部进击庐州（今安徽合肥）。宋高宗自即位后不断向金朝遣使乞和，虽因金朝一意欲消灭南宋，而未加响应，但宋高宗还是一如既往，并且为避免得罪金人，断了乞和之路，在朝廷内外公文中，一直称刘豫的齐国为"大齐"，不敢露出丝毫的不敬态度，至此为了激励在前线与齐军浴血奋战的六军将士士气，才向天下诏告刘豫的叛逆、僭伪之罪。因宋军扼守江岸，且天气恶劣，金军难以进兵，粮食断绝，征发来的签军（因女真人数相对较少，金朝为弥补兵力不足，大量征发两河汉民从军，称作签军）心怀怨恨，只得匆匆撤退。齐军见状，也溃败而去。

外患暂消，宋廷即将注意力转向安内。早在数年前，洞庭湖畔的鼎州（今湖南常德）爆发了钟相领导的农民起义，建立大楚政权，自称楚王，但不久就被宋军所俘杀。于是农民军首领杨太（一名杨幺）奉钟相之子钟义为太子，自号大圣天王，多次击败宋军的征剿，势力大增，洞庭湖沿岸十数个州县，除几座孤城外，全为农民军所占据。此时宋高宗将宋军中最为精锐的岳家军从抗金前线调回洞庭湖。岳飞针对杨太守险、陆耕水战的特点，和宋军将士大都为北方人、不习水战的现状，决定且讨且招，剿抚并行，选在农忙季节进军，毁坏田亩禾稼，长围久困，同时乘天旱水浅之机，连结木筏塞置于港汊中，用腐木烂草填入河道，阻碍楼船的行驶，由此起义军的生活遭到了很大的困难，而四出活动的部队均被岳家军击退，包围圈日益缩小。1135年（宋绍兴五年，金天会十四年）五月，在岳飞的大力劝诱下，起义军首领黄佐、杨钦等叛变投降。六月初，陷于孤立的杨太大寨被岳飞攻破，杨太、钟义泅水突围失败被杀，坚持了6年之久的农民起义终于被岳飞所剿灭。岳飞将招降的起义军强壮者数万名编入部队，老弱者放归田地。此时，岳家军的兵员急增至10万人以上，兵员多，素质好，战斗力强，成为名副其实的抗金主力军。岳飞镇压了杨太的起义后，南宋境内大的农民起义、溃兵游寇等威胁高宗统治稳定的武装集团不复存在，并使对于南宋政权有着重要政治、经济效益的整个长江通道得以联系贯通，为此，宋廷特地颁布诏书将岳飞的官阶提升为检校少保。此后，岳飞就被人尊称为岳少保。

因"叛乱"均已平定，张浚便建议北伐刘豫，恢复中原失地。1136年（宋绍兴六年，金天会十四年）二月，宋高宗决定张浚以宰相兼都督诸路军马的身份主持军事，以韩世忠为京东、淮东路宣抚处置使，出楚州攻淮阳，刘光世军屯庐州，张俊屯盱眙，以岳飞为京西、湖北宣抚副使，驻军襄阳，作进取中原的准备；命杨沂中所部万余人听都督府调遣，进屯泗州等地。刘豫见状，连忙向金朝求救，以期先发制人，进攻江南，但金朝对此置之不理。原来金太宗已于上一年正月病死，终年61岁，年仅16岁的金太祖嫡长孙合剌（1119—1150，汉名亶）在国论右勃极烈兼都元帅粘罕、左副元帅宗辅、左监军兀室（？—1140）与金太祖庶长子、国论左勃极烈宗干（？—1141）的支持下，即位于金太宗的灵柩前，是为金熙宗。金熙宗即位后，对刘豫、对宋政策有所调整，对刘豫进不能取，退不能守，兵连祸结，愈无休期，而与金当初立刘豫"欲以开疆保境，我得安民息兵"的初衷相违，故甚为不满，不但不增兵相助，反而派兀术率兵屯黎阳（今河南浚县）以监视刘豫的行动。

刘豫无奈，只好打着金军的旗号，倾巢而出，签军30万，号称70万，于九月分3路南侵：刘麟率中路军，由寿春（今安徽寿县）进攻合肥；以次子刘猊率东路军，由紫荆山出涡口，进攻定远军（今属安徽）；以孔彦舟率西路军，由光州（今河南潢川）进攻六安（今属安徽）。刘猊军至淮东，为宋军韩世忠部所阻，乃引军向合肥，欲与刘麟军合兵，但在遭宋军多次打击后，大败而遁。刘麟军进抵濠州（今安徽凤阳东北）一带时，抗击刘麟军的宋刘光世部不战而退，放弃庐州，逃向江南。在前线督战的张浚闻知，即派吕祉（1092—1137）驰往刘光世军，宣布道："有一人渡江，即斩首！"刘光世不得已，只好返军北进与齐军相持于庐州、顺昌一带。在顺昌的刘麟，听到刘猊军败退，亦拔寨遁去，宋军急追，夺得大量军用物资。正在围攻光州的孔彦舟，也因而退军北去。

是年十二月，赵鼎因处置军事失机而罢相，刘光世也以"骄惰不战"之罪被罢免兵权，随后起用秦桧出任枢密使。次年二月，岳飞因功升拜太尉、湖北京西宣抚使，成为南宋长江中游地区最高的军政长官和封疆大吏。

刘光世既罢兵权，宋高宗为解决南宋诸军不能协同作战的弱点，想把刘光世部归并岳飞指挥，1137年（宋绍兴七年，金天会十五年）三月，宋高宗对前来朝觐的岳飞说了此意。岳飞早有统帅大军与金人决战以收复失地、报仇雪耻的愿望，对此大为兴奋，不久便向宋高宗上呈了北进用兵的计划。但此计划遭到宰相张浚的反对。宋高宗本有大将们事权过大而难以控制的担心，至此便幡然改变主意，将刘光世军归拨张浚的都督府直接统领，并根据张浚的提议提升王德

（1088—1155）为都统制。但王德不知安抚军心，与军中大将郦琼（1104—1153）的矛盾日趋激化，而张浚派去监督诸将的淮西宣抚判官吕祉又处置失当，引起淮西路士兵的严重不安。八月八日，郦琼劫持吕祉，率领全军4万余人北渡淮河，投降刘豫。淮西军的叛变，使淮西路江防重地一时竟处于无兵无防的危险状态之中，只是此时金朝决意废黜刘豫傀儡政权，无意南下，使南宋侥幸躲过一劫。不久，张浚引咎罢相。赵鼎接任左相兼枢密使，一改张浚所为，以达到"安靖不生事"的目的。

此时，北方金国也发生了激烈的权力之变。当初金太宗分兵两路南侵，本有让其互相牵制的目的，但因东路军主帅斡离不病死后，西路军主帅粘罕便大权在握，排斥原东路军所支持的燕京旧辽人和新附宋人，使东路军将士颇为不满。金熙宗继位后，兼任都元帅的粘罕权势更盛，凡军国重事，以至"赏刑斗讼"，不论巨细俱申报都元帅府取决，从而与东路军统帅宗干、挞懒等的矛盾更大。金熙宗受汉文化影响颇深，即位后为强化皇权，采用汉制来改革女真旧俗，废除勃极烈制，设尚书、门下、中书三省，统一金朝女真人居住地和汉民居住地的不同官制，并通过"以相位易兵柄"的做法，分授原勃极烈宗磐、宗干、粘罕为太师、太傅、太保，并领三省事，以宗磐为尚书令，兀室为左丞相，将粘罕、兀室从其燕云根据地调来上京会宁府（今黑龙江哈尔滨东南）。在崇尚武功的金国，失去兵权即意味着失去一切，此为粘罕失势的开始。1137年，粘罕的心腹、尚书左丞高庆裔以贪赃之罪下狱，六月被处死刑。粘罕向金熙宗请求免去自己的官爵，为高庆裔赎罪，金熙宗不允。受此狱牵连，山西路转运使刘思被杀，肃州防御使李兴麟被免官。七月，粘罕愤郁而死。十月，曾任知云中枢密院事的时立爱致仕。次年七月，左丞相兀室也因粘罕之案而被罢职，降为兴中府尹。粘罕一派自此遭到了沉重的打击，而长期受粘罕压制的原东路军一派至此趾高气扬。粘罕方死，左监军挞懒升任左副元帅，封鲁国王，兀术任右副元帅，封沈王，执掌了朝政大权。

刘豫当年降金后投靠挞懒，此后为顺利当上儿皇帝，便转投粘罕，并在粘罕的支持下当上了傀儡皇帝。刘豫于是唯粘罕马首是瞻，其他众将大为恼怒，挞懒对刘豫的忘恩负义更是愤恨。至此，失去了靠山的刘豫遭到女真贵族的不断进言诋毁，而金熙宗眼见刘豫齐国既不能抗衡南宋，域内又残破不堪，民多流亡，便决定废除齐国。闰十月，挞懒、兀术以南侵宋朝为名统兵来到汴京附近，随即计擒执掌刘齐兵权的刘麟，然后率军直入汴京城，宣诏废去齐国，降封刘豫为蜀王，迁涉于临潢府（今内蒙古巴林左旗东南）。

金朝在废刘豫齐国的同时，宣布在汴京开封设置行台尚书省，以兀术领行台尚书省事，尚书省官员和地方州府官员，除少数人外，均由中原人担任。行台尚书省在中央尚书省的统一领导下统治汴京地区，但仍保持原有建置，故仍具有相当的独立性。行台尚书省的建立，表明金廷已开始改变过去的那种立傀儡政权治理中原地区的做法，而欲将中原直接置于自己的统治之下。

绍兴和战与风波亭奇冤

刘豫被废，给宋、金双方政局都带来了新的变化。首先是人心向南的中原百姓乘机大量南逃，连刘豫的齐军也纷纷叛逃，据淮南一地的宋朝守臣报告，在此前后不到一年的时间里，齐军逃往南宋的士兵多达四五万人。此真是北伐良机，南宋军民人心振奋。岳飞连连上奏要求"乘废刘豫之际，捣其不备，长驱以取中原"。韩世忠也慷慨上言："机不可失，请全师北伐。"但宋高宗却因淮南兵变后，不再思恢复中原，反而欲乘此机会与金媾和，故对这些主战言论一概不理，并命令宋军严守防区，不许向北跨越一步。然而中原军马的大量逃亡，给金朝对中原的统治带来了严重的危机。

金朝在灭辽、灭北宋的战斗中，并未遇到特别激烈的抵抗，而从军者却掳获颇丰，因此女真百姓渴望战争，以期获得更多的财物，故打起仗来，士气很高，勇往直前。但此时金军在江南、陕西等地作战颇为艰难，伤亡甚大，而掳获甚少,故士兵们对远征日益怨恨、厌战,士气随之渐渐低落。同时金人渐改建国初期的强悍、敢战、坚忍而不屈之习俗,而追求排场、贪图享受,使金军的战斗力较前大为不如。因此,若南宋决意北进,在中原百姓的配合下,金军是很难守住中原的,何况河南、陕西地区屡经战火,残破不堪。故执掌军政大权的左副元帅挞懒联合太师宗磐(?—1139)、左宰相宗隽(?—1139),谋以河南、陕西地区归还南宋,宣称"我以地与宋,宋必德我"。但太傅宗干、粘罕之弟宗宪等坚决反对。最后,地位最尊的宗磐执意使金熙宗同意挞懒的建议,先遣回被滞留于金的宋使王伦(1084—1144)回去通报,再遣张通古为诏谕江南使。

十二月,王伦抵达建康府。是年初,死于北国的太上皇帝徽宗和太上皇后的死讯已传至南宋。故王伦一见宋高宗,便将他离金前挞懒对他说的"好报江南,自今道途无壅,和议可成"的话告诉天子,并说挞懒答应,若宋、金和议成功,金人便归还宋徽宗与太上皇后的梓宫(棺材)和宋高宗生母韦太后(1080—1159),并许诺归还河南、陕西之地。宋高宗一向打着韦太后"春秋高,朕朝夕思之,不遑宁处,屈己讲和,正为此耳"的旗号,压制主战言论,屈辱乞和,如今听到如此优厚的议和条件,便连忙表示:"若金人能从朕所求,其余一切，非所计较也。"即刻派王伦为奉迎梓宫使。1138年（宋绍兴八年，金天眷元年）三月，又复拜秦桧为右相兼枢密使，主持和谈事宜。五月，王伦陪同金使前来商谈议和之事。朝廷上下反对议和者甚多，群情激奋。受命馆伴金使的吏部侍郎魏矸向秦桧表示自己反对和议，并反复说明敌情难保。秦桧无耻地诡辩道："公以智料敌，桧以诚待敌。"魏矸反驳道："只恐敌寇不以诚待相公耳！"秦桧哑口无言。但决意乞和的宋高宗不为所动。七月，王伦再次北去金朝商议地界。宋高宗、秦桧认为只要金朝许和，地界划到哪里均可。左相赵鼎虽然主和，被主战派称为"首鼠两端"，但与秦桧投降卖国的行为大不一致，反对向金称臣，主张依以黄河旧河道（黄河旧道自山东滨县南入海）为界，以得到黄河改道前的河南数州之地，否则宁可罢议。枢密副使王庶更是屡次上言坚决反对和议。于是宋高宗就将对和议持不同意见的宰相赵鼎、参知政事刘大中被罢官，而让主和的秦桧独掌朝政大权。

十月底，金朝以张通古、萧哲为江南诏谕使，要宋高宗跪拜接受金帝诏书。金使不称宋国而称江南，不称"通问"而称"诏谕"，把其所谓"和议"实质和盘托出，即将南宋看成如齐国的属邦。由此南宋朝野舆论一片哗然，群情激昂，枢密副使王庶7次上书，6次面见高宗反对和议，并指责秦桧道："公不思在东京忠心耿耿保全赵氏之事耶！"把秦桧搞得非常狼狈。统领大军的韩世忠奏请拒绝和议，立即决战，并愿意在金兵势最重处抗战；岳飞奏陈"金人不可信，和好不可恃"，直接指责秦桧"相臣谋国不臧，恐贻后世讥"。被放逐的张浚连上5疏，闲居的李纲也不顾个人利害上书反对乞和。在这一片反对声浪中，以枢密院编修官胡铨（1102—1180）所写的一道奏疏说得最为痛快激昂。胡铨在疏文中沉痛地指出，无知无识的三尺童子，让他拜仇敌尚且要发怒，今堂堂礼仪上邦竟然相率而拜敌仇，毫无羞耻之心。他不禁向宋高宗责问道："而陛下忍为之耶？"而王伦所说的"我一屈膝，则梓宫可还，太后可复，渊圣（宋钦宗）可归，中原可得"，完全是金人的阴谋，骗人的鬼话。"而陛下尚不觉悟，竭民膏血而不恤，亡国大仇而不报，含垢忍耻"，举天下而甘心称臣于敌仇，"天下后世谓陛下为何如主？"他进一步指出王伦本不足道，对此应负主要责任的是奸臣秦桧和专门趋奉秦桧的新任参知政事孙近。他大声疾呼道："臣备员枢密院属，义不与秦桧等共戴天日。区区之心，愿断三人头，竿之藁街（古代外国使臣居住的馆舍区），然后羁留虏使，责以无礼，徐兴问罪之师，则三军之士不战而气自倍增。不然，臣有赴东海而死尔，宁能处小朝廷求活耶！"这篇奏疏立即轰动一时，很快被民间刊印出来，广为流传。金朝贵族也出重金购得副本，读后大为震惊。对此，气急败坏的宋高宗下令将胡铨"送昭州编管，永不收叙"；并为了杀一儆百，下诏告诫百官，不准再以"浮言"来动摇和议"大计"。随后秦桧又擢用心腹勾龙如渊（1093—1154）等出任御史台中丞以下官职，控制言路，弹劾百官，以钳制舆论、排斥异己。

十一月，金使携带金熙宗的诏书来到临安。南宋为了举行约和仪式，正式宣布确定临安为首都。南宋应定都何处，朝廷上下为此争论不下，主战派出于收复失地的考虑，大都认为不能定都江南，尤其不能定都临安府。但宋高宗早就属意定都于富庶的江南地区。江南地区有建康、临安两地可供选择，张浚认为"东南形势莫重于建康，实为中兴根本。且使人主居此，北望中原，常怀愤惕，不敢暇逸。而临安僻在一隅，内则易生玩肆，外则不足以号召远近，系中原之心"。即建康主进取，临安主苟安。但宋高宗却认为建康离金人锋镝太近，一道长江天堑并不一定能挡住来敌，而繁华明丽的临安却以淮甸为缓冲，大江为屏障，襟带荆楚，背海而立，虽不利于恢复中原，但却是一个易守易退的最佳地点，故决意要在临安建立偏安小朝廷。但由于战火正烈，大局未定，不便宣布。至此，宋高宗乘南北议和之机，将其定都临安的决定宣告于天下，以向世人表明其偏安江南的既定国策。虽然宋高宗为能乞和而不惜忍辱屈己，然按金朝规定的礼节，宋高宗必须面北跪拜于张通古的脚下接受金帝诏书，"封表称臣"。南宋军民对此大为愤愤不平，连秦桧也感到有些不好办。于是按秦桧的建议，宋高宗借口给宋徽宗守孝，由宰相代他接受金朝诏书，以免堂堂天子亲自向金使屈膝之耻。金使对此自然不愿，但迫于形势，也只得降格以求了。十二月二十八日，秦桧因朝中官员多告假不出，便命官府中的小吏身穿紫衫（宋朝高官显宦之官服），随他前去向金使行跪拜接受金帝诏书的仪式，一时传为笑谈。1139年（宋绍兴九年，金天眷二年）正月元旦，宋朝正式宣布和议成立，大赦天下，赦免张邦昌、刘豫等降金等人子孙亲友，同时下令禁止抵斥金国的文字。宋朝以向金称臣纳贡（年贡银绢各25万两匹）的代价，换得金人同意归还原刘豫所据的河南、陕西地，以及兑现归还宋徽宗夫妇梓宫与归还韦太后、宋钦宗的许诺。

三月，因主和通使金朝有功而官拜同签书枢密院事、充奉护梓宫、迎请韦太后使的王伦权任东京留守，负责与金人交割地界事。王伦至汴京，兀术将原属刘豫的疆域交归南宋后，将金朝河南路行台移至河北的大名府，自己北渡黄河而归。南宋得河南、陕西地后，即分河南为三路，并将原来刘豫所署的州县地方官全部留任，以安抚反仄、稳定人心，此外就未再有措施以部署防线，进行备战，真以为宋、金间的和议牢不可破了。六月，王伦办完交割地界事宜，赴金国议事。但此时金朝内部发生了一场政变，使对宋政策发生了剧变。

原来兀术自前线回到上京，密告金熙宗说："挞懒等主割河南地与宋，必有阴谋。"此时金廷权力之争十分激烈，宗磐贵为尚书令、太师，跋扈骄横，甚至在朝堂议事时，因意见不同，竟欲在金熙宗面前持刀欲刺杀宗干。金熙宗为抗衡宗磐和挞懒的势力，提拔宗干的兄弟宗隽以及兀室，不料宗隽反与宗磐相结合，使金熙宗大为恼火。至此，金熙宗在兀术支持下，以谋反罪处死郎君吴十，并有意牵涉到宗磐等人。七月，金熙宗召宗磐、宗隽入朝，乘机将其逮捕处死，其党羽金太宗子宗伟（阿鲁补）、宗英（胡沙虎）以及殿前统兵官浑睹、上京会宁府少尹胡实剌、郎君石家奴等多人被处死。挞懒因兵权在握、功勋甚高而暂释不问，降为燕京行台尚书左丞相。宗干一派获得大胜，宗干升任太师，兀术升任都元帅。八月，挞懒被人告发骄肆不法，欲与翼王鹘懒（金太宗之子）谋反，金熙宗下诏逮捕挞懒。挞懒自燕京南逃，随即被兀术所捕杀，鹘懒和挞懒二子斡带、乌达补同被处死。宗磐、挞懒一派遭到了彻底的失败。宗干、兀术全面控制了朝政和兵权，便改变对宋政策，再次对宋用兵。

1140年（宋绍兴十年，金天眷三年）五月，金熙宗下诏伐宋，左副元帅撒离喝率军出河东进军陕西，兀术亲自领兵自河北南下进攻汴京。由于金军素质已不如当初，如兀术手下大将韩常所分析的，"今昔事异，昔我强彼弱，今我弱彼强，所幸者南人未知北间事耳"，因此金朝此次出兵，并非灭宋，而以占领割让给南宋的河南、陕西疆土为主要目的。然而南宋君臣对此一无所知，其军队作战素质上的有利因素也因宋高宗、秦桧的屈膝乞和而遭破坏和削弱。因此金军作战非常顺利，宋之汴京、拱州、应天府、河南府、兴仁府、淮宁府、亳州与陕西永兴军、凤翔府等诸州守臣或逃或降，而由原金、齐旧臣为地方官的诸州纷纷迎降，一个月之间，原来归还南宋的河南、陕西地区，又全被金朝所占有。面对生死存亡的危险，宋高宗只好下令各军抵抗，命韩世忠、张俊和岳飞兼河南、北诸路招讨使，率兵北进。

五月中旬，新任东京副留守刘锜率八字军旧部约2万人自水路赴任，十二日至顺昌（今安徽阜阳），传来金军已占领东京，其前锋已进入陈州（今河南淮阳）的警报。刘锜得知顺昌虽然城小无防，却存有粮食数万斛，遂决定在此坚守，抢修工事。经过六天六夜紧张作业，顺昌城防粗备，而金兵前哨马军已抵达城外。二十九日，金葛王乌禄（1123—1189）、龙虎大王和韩常等率3万余人包围了顺昌城，刘錡大开城门迎敌，金人不敢轻进。刘錡用破敌弓、神臂硬弩射击，待敌兵稍退，即遣步兵冲杀，毙敌数千人，金人后退20里下寨。此夜雷雨交加，刘錡命500壮士偷袭金营，混战中，杀死一员乘朱红漆车的金军大将，金兵又退后5里下寨。次日夜里天气依旧，刘錡又命100壮士再袭金营，使金兵大乱，自相攻击，天明方罢，只得退兵。在开封的兀术闻报，急率10万大军来援。兀术看见顺昌城墙低小，夸口道："城壁如此，可以靴尖踢倒，来日进城会食！"六月十一日晨，兀术率兵渡过颍河攻城。宋军此前已在颍河上流和城外草中撒下毒药，此时便据城不战，以逸待劳。因天气炎热，金军又昼夜兼程赶来，人马疲惫不堪，至中午时分，十分饥渴的金军人马于饮水吃草后大多中毒。刘錡见状，发兵出战。宋军士兵杀入金阵，不叫不喊，狠命地用刀斧劈击，直扑兀术中军，将金军精锐铁骑拐子马杀得七零八落，连兀术的侍卫亲军"铁浮图（意为铁塔）"也几乎全军覆没。兀术败退到城西扎营，恰逢当夜大雨，平地积水，宋军又来袭击。兀术见士气浮动，不敢再战，拔营而逃，在刘錡的猛追下，死伤万人，遗弃车辆辎重堆积如山。顺昌之战，宋军以少胜多，挡住了金军自两淮南侵的势头。

顺昌大战的同时，淮东的韩世忠、淮西的张俊、陕西的吴璘（此时吴玠病卒，吴璘代统其兵）各率其军挫败了金军的进攻，而在河南前线的岳家军更取得了辉煌的战果。

六月上旬，岳飞接到增援刘锜的诏令后，便命张宪等率前锋先行，自率大军随后出发，并命梁兴（原太行山义军首领）渡河联络两河"忠义巡社"，攻取两河州县，配合宋军行动。不久岳家军先后攻占颍昌府（今河南许昌）、陈州、郑州、洛阳和永安军等城池。而梁兴会合两河义军打着岳家军的旗号，骚扰、破击金军，使金朝自燕京以南"号令不复行"。战局的发展，迫使兀术率主力来与岳家军决战。七月八日，兀术侦知岳飞率少量骑兵驻屯郾城（今属河南），就亲率精兵15000人直奔郾城。金军以"铁浮图"居中，拐子马分列左右，列阵而进。岳飞派精军迎战，其子岳云率士兵下马，手持麻扎刀、大斧，冲入敌阵，上砍敌兵，下砍马足，勇将杨再兴单骑杀入敌阵，几乎活捉兀术。战至晚上，金兵终于不支而退。岳家军取得了郾城大捷。

初战失利，兀术率军12万转攻颍昌，欲截断岳飞与前线郑州、洛阳等地的联系，并派兵驻屯临颍县，阻击岳飞增援颍昌。十三日，宋将杨再兴率300巡骑在郾城北小商桥突然与金军遭遇，宋军奋勇作战，杀死金兵2000余人和万户撒八、千户百余人，但力量悬殊而全军覆灭，杨再兴被射死在小商河中。十四日晨，兀术亲率主力3万前来进攻颍昌。岳云率援军赶到，在城西与金兵大战。自早晨到午后，血战了几十回合，依然难分胜负。此时守城宋军乘势冲杀出城，两面奋击，战局顿转，金军惨败，兀术女婿夏金吾、副统军粘罕索阵亡，兀术逃回开封。此为著名的颍昌大捷。

金兵在遭受顺昌、颍昌等惨败后，锐气尽丧，军心涣散，把岳飞尊为"岳爷爷"，听到岳家军的名声就胆怯。此时岳家军的前哨进至开封西南45里的朱仙镇，兀术不敢再战，准备从开封北撤。岳飞一面向高宗报捷，一面敦请宋高宗赶快命令诸军火急并进，发动总攻。不料宋高宗却反而下达了退军的命令。原来金军毁盟南侵，使一意主和、坚持投降的宋高宗、秦桧十分难堪，宋高宗为此掩饰道："敌人议和，当思所以应之。若彼我之势强弱相等，如是而和者，彼有休兵之意；我强彼弱，足以制其命，如是而和者，彼有惧我之意也。"因为他对抗金战争始终首鼠两端，一怕全胜而武将兵多功高，难以驾驭而威胁皇权，二怕大败而成为阶下囚，则欲为临安布衣而不可得，故他只想在保全自己权位的前提下与金议和，眼下我强敌弱，正是乘胜休战屈辱求和的好时机。十八日,班师诏送达岳家军,岳飞不忍功败垂成,故未下令中止向开封进攻,并向高宗进言"时不再来,机难轻失"。然两三天后,岳飞又在一天之内接连接到12道用金字牌递送的班师诏。同时,秦桧为迫使岳家军后撤,命令其他宋军南撤,使岳家军成孤军深入之势,无法长久坚持,岳飞只得遵旨班师。

宋军南撤,金兵随即整军卷土重来,宋军收复的大片土地,转眼间又为金军所夺去。两河抗金义军,也因得不到南宋正规军的配合和支援,在金兵围剿下失败。兀术虽然侥幸取胜,但却由此明了金、宋力量对比已发生根本变化,故一变其主战的强硬立场,而采纳以和为主、以战佐和的战略。当时金廷上左丞相、陈王兀室的势力不小,兀室与兀术的矛盾颇深,且为金熙宗所深忌。于是金熙宗在兀术的支持下,随即杀兀室及其二子,又杀兀室心腹右丞萧庆。兀术升任尚书左丞相兼侍中,仍任都元帅,领行台尚书省。次年五月,太师宗干病死。兀术进封太傅,一人独掌军政大权,成为金廷皇帝以下权势最高的人物。

边患暂息,对将帅且用且疑的宋高宗便着意解除手握重兵的三大帅兵权,以消除对其皇位的潜在威胁。1041年(宋绍兴十一年,金皇统元年)四月,宋廷将三大帅张俊、韩世忠、岳飞召到临安，随即颁布诏令，擢任韩世忠、张俊为枢密使，岳飞为枢密副使，撤销淮东、淮西、京湖三宣抚司，各宣抚司统制官都冠以"御前"二字，各统所部，自为一军，直接听候三省、枢密院取旨调发，从而将三大帅在外的兵权一举收回。秦桧以罢诸将兵权之功，拜左相兼枢密使，加少保，建议收兵权的给事中范同升拜参知政事。但三大帅被解除兵权毕竟是一件不同寻常的大事，各军兵将不明所以，难免揣测不已，谣传纷纷，一时军心颇摇。于是秦桧决定乘机向岳飞与岳家军开刀。

七月初，岳飞视察淮东后回到临安，秦桧即指使万俟禼（1083—1157）、何铸（1088—1152）等弹劾岳飞，宋高宗依惯例稍拖了一段时间，于八月九日解除岳飞枢密副使一职。岳飞便告假回到江州的私邸。但对岳飞的迫害并未因此而结束。自从当年宋高宗在"并军"之事上出尔反尔，以及淮西郦琼兵变之后，宋高宗对岳飞看法由信任而猜忌，至岳飞因上书参与立皇太子之议论，与宋高宗的隙嫌更深，而难以消除。

宋高宗在建炎年间，当金兵奔袭扬州的消息传来时，正在深宫行云雨之欢，闻报矍然而惊，落下难言之疾，使生育子嗣希望渺茫，而唯一的儿子因曾被兵变将领苗傅等立为皇帝，也不明不白地夭折了。因此满朝臣僚出于"本不立，则干易摇"的考虑，纷纷要求宋高宗选立宗室子弟为后嗣。由于宋太宗一系子孙在靖康之变时，除宋高宗外大多被掠北去，故宋高宗选来两个孩童养在宫中。一个名赵伯琮（1127—1194，后改名赵瑗），7岁，由得宠的张婕妤抚养；一个名赵伯玖（后改名赵璩），5岁，由得宠的吴才人抚养。两人皆为宋太祖的七世孙。后宫中由此出现了两小孩争夺"皇储"之纷争。1135年，赵瑗被封为建国公，就学于资善堂，为回朝奏事的岳飞所遇见，岳飞赞叹其"英明雄伟"。1137年九月，岳飞入朝奏事，因金人为逼迫宋高宗屈服，故意传言准备让宋钦宗回汴京，立为傀儡皇帝，以与南宋抗衡，故建议宋高宗为正"国本"而立赵瑗为皇太子，以安人心，挫败金人的阴谋。不料对武将且用且疑的宋高宗一听岳飞启奏这一极为敏感话题，便怀疑岳飞是欲凭借手中兵权干预朝政，便冷冷说道："卿言虽忠，然卿握重兵于外，此事非卿所当预也。"次日，宋高宗再让宰相赵鼎去告诫岳飞及其部下不要"不守本分"。岳飞此后因天子对自己有所忌疑，故对国事不大评论，但是他对抗金大事依旧难以保持沉默，不断上书反对和议，于是他与高宗的矛盾也就更为激烈，宋高宗因此而有诛岳飞之意。秦桧秉承宋高宗的旨意，对岳飞的陷害陡然升级。

岳飞升任枢密副使交出兵权后，原副手王贵升任鄂州驻扎御前诸军都统制，张宪任副都统制，负责指挥岳家军。此时王贵前往镇江枢密行府参见枢密使张俊。岳飞曾为张俊帐下裨将，此后岳飞凭借其卓越的战功官拜节度使，与张俊、韩世忠等平起平坐，而战功和声望更出其右，张俊心底不能平。因此在秦桧利诱下，张俊倒向秦桧，极力赞成和议，成为秦桧打击抗金将帅的得力助手。张俊抓住王贵的阴私进行胁持，要王贵为罗织岳飞欲谋反叛乱的罪名出力，王贵虽不愿，但为保全性命功名而只得屈服了。同时，秦桧心腹党羽林大声又物色岳家军的前军副统制王俊作为告发岳飞的人选。王俊是一个反复变诈、专事坑害无辜的害群之马，故人称"王雕儿"，曾因奸贪而遭张宪的制裁，故怀恨在心，在林大声的唆使下，出面诬告张宪阴谋襄胁大军去襄阳府，以威逼朝廷把军权交还给岳飞。八月底，王贵回到鄂州，张宪接着也去镇江府汇报，岳云随从而去。王俊便乘机将诬告状交给王贵，王贵只得将状纸转交"专一报发御前军马文字"的总领林大声。九月，按事前策划，张俊一接到诬告状，便将刚抵达镇江的张宪、岳云逮捕。张俊以严刑逼供，要张宪承认岳云曾唆使他"劫诸军为乱"，但张宪拒不承认。张俊无法，将张宪、岳云押送到临安大理寺推勘。秦桧乘机奏请召岳飞到大理寺一同审讯，立即得到宋高宗的批准。

岳飞自江州到临安后，即被投入大理寺，特设诏狱，由御史中丞何铸、大理卿周三畏来审讯。何铸诘问岳飞的"反状"，岳飞脱去上衣，露出其母在他背脊上刺写的"尽忠报国"4字，使何铸大为动容。何铸虽为秦桧心腹，但审查了王俊"告首状"等有关公文后，觉得大都诬陷不实，无法构成谋反之罪状，故面见秦桧，力辩岳飞不反。秦桧透露底细这是天子之意，暗示何铸不要违旨行事，何铸虽也极力主张剥夺大将兵权，至此却不肯诬陷忠良，自毁长城。于是秦桧奏请与岳飞有隙的万俟卨（1083—1157）代替何铸为御史中丞，继续审理此案。万俟卨秉承宋高宗、秦桧之意，编造岳飞的谋反罪状，欲置岳飞于死地。岳飞入狱消息传开，朝野震惊，富有正义感的人们不顾天子、奸相的淫威，纷纷出面营救岳飞。在岳飞入狱后，韩世忠为避免秦桧的迫害，主动辞去枢密使一职，杜门谢客，绝口不言兵，但至此还是面见秦桧加以责问，秦桧只含糊地回答："岳飞之子岳云与张宪书信内容虽不明，其事体莫须有。"韩世忠愤然表示："'莫须有'三字，何以服天下！"在大理寺会商岳飞刑名时，大理寺丞李若朴、何彦猷及少卿薛仁辅并言岳飞无罪，就是眼前这些捕风捉影罗织的罪证全部属实，谋反的罪名依然难以成立，最多只应判处两年徒刑。秦桧大怒，将三人全部罢官，但岳飞一案也因此而被拖延了下来。

在迫害岳飞的同时，宋高宗、秦桧加紧进行向金屈辱求和之事。九月，金人放回被扣的宋使，带来兀术的议和方案。十一月初，宋吏部侍郎魏良臣至金国商议和约。经宋使"再三叩头，哀求甚切"之下，兀术许以淮河为界议和，议定：宋奉表称臣于金，岁贡银绢各25万两匹，宋金间东以淮河为界，西以大散关（今陕西宝鸡西南）为界，岳家军当年攻克的唐州、邓州、商州、虢州等地，以及吴璘收复的陕西州县，吴玠曾坚守过的和尚原要塞等地，统统割归金朝。而金朝许册封宋高宗为"宋帝"，答应归还宋徽宗、太上皇后梓宫和高宗生母韦太后，以成全宋高宗的孝心。此即史书上所称的"绍兴和议"。

和议既成，宋高宗、秦桧就向岳飞下毒手了。腊月三十日，万俟卨遵命再次提审岳飞，逼他画供，岳飞知道宋高宗已决意杀他，仰天凝望片刻，便举笔在供纸上写下8个大字："天日昭昭！天日昭昭！"万俟卨随后通过秦桧上奏，拟将岳飞处斩刑，张宪处绞刑，岳云处徒刑，请宋高宗"裁断"。宋高宗恶狠狠地批示："岳飞特赐死，张宪、岳云并依军法施行。"当天，岳飞被杀死在狱中风波亭内，张宪、岳云被斩首于临安闹市。岳飞死年39岁，岳云23岁，张宪年岁不详。

岳飞被杀，实为亲者痛、仇者快的自毁长城之事。至岳飞死后20年，金军中还流传着这样一句话："岳飞不死，大金灭矣！"甚至在岳飞身后60余年，金朝诏书中还承认岳飞的"威名战功，暴于南北"。为此，宋高宗、秦桧极力掩饰杀害岳飞的真相，还费尽心机，耍尽手段，篡改史书，抹杀岳家军的辉煌战绩，并严令禁止撰写私家史书。但千秋功罪，自有后人评说，岳飞"尽忠报国"的业绩彪炳今古，而宋高宗、秦桧之流则难逃千秋骂名，遗臭万年。

秦桧擅政与完颜亮篡位

宋高宗付出了极大的政治、经济代价而与金朝订立的"绍兴和议",确立了宋金间以淮河、秦岭一线为疆界。虽然此后双方时有攻守,但这一界限大致得以遵守,由此形成南北对峙、分疆而治的局面。在绍兴和议后,南宋半壁江山包括:两浙、两淮、江东、江西、湖南、湖北、四川、福建、广东、广西15路,另外京西南路襄阳1府、陕西路阶、成、和、凤4州,计有府州军监185座,有县703座。金朝于其统治区域内建5京,置14总管府,凡19路,辖9散府、36节镇、95州、16军,有县632座。南宋、金以外,西夏政权依旧统治着今宁夏以及甘肃、青海、内蒙古部分地区。此外,在中国疆域内还有统治今云南地区的大理政权,以及统治今我国新疆、中亚地区的契丹余部西辽政权等。而作为宋、金绍兴和议的"副产品",金于1142年(宋绍兴十二年,金皇通二年)八月将宋徽宗夫妇的灵柩与宋高宗的生母韦太后归还南宋，以满足宋高宗所谓的"孝心"，成为其乞和投降的遮羞布。

韦太后的南归，给南宋政治带来不小的影响。韦太后被掳北去后，就被送入专门管押宋朝女俘的上京洗衣院，不久即被女真贵族盖天大王赛里（又称完颜宗贤，？—1148）强索去当了夫人，并生育了两子。韦太后此时虽已回到了南宋，但她改嫁一事，对宋高宗来说十分难堪。因此宋廷一方面向外宣称有关韦太后之改嫁传说都是金人有意"编造秽书"以羞辱宋人，另一方面又设法阻止北俘的宗室、官员等南归，对曾出使金国、对此事知情的官员也横加迫害，以钳制其嘴巴。在此前的1130年，宋徽宗第二十女柔福帝姬自北方逃归，颇受宋高宗的礼遇，封为福国长公主。但由于柔福帝姬在北方金国时，曾与韦太后同归于完颜宗贤，至此，韦太后因害怕柔福帝姬会泄露她的隐私，便令宋高宗将柔福帝姬活活杖毙，杀人灭口。

传说韦太后南归前，曾去探望羁留北国的宋钦宗，宋钦宗哀求韦太后转告宋高宗同意他南归。韦太后不忍宋钦宗之凄楚境遇，当即立誓道："吾先归，苟不迎汝，有瞽（瞎）吾目！"当韦太后回到临安，因所见所闻与自己想象的大异，不敢再对宋高宗提起宋钦宗之事。不久韦太后即双目失明，百般医治都无疗效。后来有一道士前来，用金针挑去韦太后左眼目翳，豁然复明。韦太后请将右眼也医好，那道士却说："太后以一目视足矣，以一目存誓言可也。"太后不觉心惊。韦太后本就性格恬淡，此后更是深处内宫，不与政事，念佛持斋，寿登八十而逝，谥号显仁。而宋钦宗也最终客死于北国。

绍兴和议后，宋、金双方都将注意力放在内政上，使两国间保持了 20 余年的和平。

在南面，宋高宗、秦桧强化专制统治，极力打击主战派官员。岳飞被杀后，岳飞家属及其部属、幕僚等人也被流放到广南、福建。而反对冤杀岳飞的官员，如大理寺官薛仁辅、何彦猷、李若朴，甚至是何铸，都因此而先后罢官。此外，驻屯鄂州的岳家军深为宋高宗所猜忌，如猛将牛皋因反对屈膝投降，竟被接任鄂州大军主帅的田师中在酒中置毒害死；岳飞旧日部将，被田师中发现有不满情绪的，便以"老病"为由，"与差遣离军"。最后鄂州大军经过缩编，由十万余人减至四五万人，使这支雄师再无往日之军纪和战斗力。宋高宗、秦桧为了消除岳飞在民间的影响，竟荒唐地将地名岳州改为纯州，岳阳军改为华容军。在此背景下，已罢兵权的韩世忠为保护自己及其旧日部属，便杜门谢客，绝口不言兵，过着忧郁沉闷的"消遣"生活，直至10年后（1151）逝世。

在对反对屈膝求和者残酷镇压的同时，秦桧竭力巩固其权位。宋、金和议后，秦桧因"大功"而加封太师、魏国公，独擅朝政。此后秦桧倚仗金朝对宋高宗有"不许以无罪去首相"的要约，成为终身宰相，大权独揽，暴戾恣睢，为所欲为，排斥异己，迫害忠良，使朝堂上没人敢公开对秦桧说一个"不"字。文武官员对他稍有不满，甚至意见略有出入，立遭贬斥。秦桧为达到长期独专朝政的目的，选择一些听话且甘为奴仆者备位副相，若意见与秦桧稍有异同，即刻被赶出朝廷。据《宋史·宰辅表》统计，自绍兴议和后，为秦桧副相（参知政事）者有王次翁，范同，何铸，万俟卨，程克俊，楼炤，李文会，李若谷，段拂，汪勃，詹大方，余尧弼，巫伋，章复，宋朴，史才，魏师逊，施钜，董德元，汤思退等20余人，在职位不一年半载，必然被罢黜，并为防止其复被进用，大多被流放至边远军州，并派人监视。连追随秦桧、附和和议有功而独掌枢密院的张俊，也因秦桧认为其妨碍自己独揽军政大权，指使御史弹劾张俊去位。于是朝廷上下全是秦桧党羽，为邀秦桧之宠任，遂极力吹捧秦桧为"圣相""元圣"，歌功颂德，无所不至。

秦桧待权位稳固后，便一意聚敛钱财，开门受贿，公然卖官鬻爵；每逢其生日，州县地方官献香送物为寿礼，一岁达数十万。因此其家的财富，竟然超过南宋政府的主要国库"左藏库"好多倍。在秦桧掌国期间，为了保证每年向金贡纳的银绢各25万两匹，为了满足宋高宗醉生梦死的奢侈生活，秦桧暗增民税十之七八，加上赃吏恣横，百姓愈困，饿死者众。由此百姓采用多种形式反抗秦桧的黑暗统治，其中以施全行刺秦桧之事最为著名。

1150年（宋绍兴二十年，金天德二年）正月，殿前司后军军校施全乘秦桧上朝之际行刺，未成被捕。秦桧亲自审问，施全激昂地说道："举国与金为仇，汝独欲事金，我所以欲杀汝也。"秦桧为达到杀一儆百的目的，将施全用残酷的磔刑（用割剐之法处死犯人的酷刑）处死。

但被刺一事还是让权势如日中天的秦桧深感害怕，秦桧自此不敢随便出门，外出要列兵50人，执武器守卫；并派察事卒（特务人员）数百人整天在街市中巡游，闻有议论其奸诈者，立即予以逮捕处死。同时，秦桧为达到一家世代专权的目的，加紧扶植其儿子秦熺（？—1161）为接班人，擢任秦熺为知枢密院事，官职仅次于秦桧。然此年后，秦桧因健康状况每况愈下，自知来日无多，故加紧了迫害其平生所恶者的步伐，欲为在子继掌朝政扫平道路。

1155年（宋绍兴二十五年，金贞元三年）初，宗室赵令衿在看秦桧所写的《秦氏家庙记》时，口诵"君子之泽，五世而斩"，以发泄其心中之愤怒，但没料到被人告密，贬官流放汀州。八月，秦桧命御史弹劾赵鼎之子赵汾（此前赵鼎已被迫自尽）与赵令衿交往密切，乘机将二人送入大理寺拷问，迫使赵汾自诬与张浚、李光、胡寅、胡铨等53人"谋大逆"，凡是反对过秦桧的人几乎全都在内，企图一网打尽，置之死地。狱成，因秦桧病重无法握笔写字而拖延了下来，此后数天，秦桧病死，使这些人侥幸躲过一劫。

十月，秦桧临死前，把其党羽参知政事董德元、签书枢密院事汤思退（？—1164）叫到床边，各赠黄金千两，嘱托后事。董、汤二人各怀鬼胎，董德元想不接受，但怕秦桧由此怪他有负嘱托，便收下黄金；汤思退怕接受了，秦桧会怪他自己还未死，就敢收下"恩相"的千两黄金，故加以拒绝。宋高宗得知秦桧病危，前来探视，秦桧只流涕，无一语，秦熺在一旁代奏道："谁代居相位？"其真实意图是欲让宋高宗当场表态让秦熺继任宰相。宋高宗虽然为能在与金朝的对峙下坐稳半壁江山，不得不倚仗秦桧，不得不委曲求全，以免得罪金朝而动摇其皇位，但对秦桧的专权也渐生恐惧，故而不愿一秦方死又来一秦，便回答道："此事卿不当预。"说完便同护卫他前来的统领宿卫亲兵的心腹大将杨存中（即杨沂中，后改名）离开了秦府。当晚，秦桧命其党羽林一飞等上书请天子拜秦熺为宰相。不料宋高宗回宫后即命翰林学士起草秦桧父子俱致仕的诏令，故次日林一飞等章疏方上奏，宋高宗命秦桧父子致仕的诏命已下。当晚，秦桧绝望而死。

秦桧死后，善于玩弄权术的宋高宗便开始有步骤地收回权柄。在秦桧死后次日，宋高宗便下诏令说："监司郡守，事无巨细，皆须奏闻裁决，毋得止上尚书省。"并将秦桧姻党、户部侍郎兼知临安府曹泳除名，把其党羽贬职罢官。十二月，参知政事董德元因是秦桧之心腹而罢官。宋高宗又迫于舆论，恢复了一些遭秦桧迫害的官员如张浚、折彦质、万俟卨、段拂、李光、胡铨、赵鼎等人的官职、名誉。但宋高宗担心主战派由此抬头否定和议，故追封秦桧为申王，赐谥忠献，亲笔赐写神道碑，题碑额曰"决策元功、精忠全德"，依旧任用主和派官员为宰执，并针对民间抗金言论的兴起，朝野不断揭露秦桧议和误国之罪，采用右相万俟卨、知枢密院事汤思退的建议，诏告天下与金讲和完全出自他的主意，不会因秦桧之死而有所改变，官民"如敢妄议，当重置典刑"。此后，宋高宗君臣继续打击抗战派，一意信守向金乞和的"定议"，不知金朝此时又已在整顿军马，再作南侵之举了。

金、宋议和后，金朝都元帅兀术因此而权势大盛，独掌朝政。1146年（宋绍兴十六年，金皇统六年），原粘罕的心腹、尚书省丞相韩企先病死，朝中韩企先一派汉臣随即遭到兀术的排斥，而任用依附于自己的蔡松年（原北宋知燕山府蔡靖之子）等人，以控制尚书省，巩固了其统治。金人称誉在兀术统治下，其国内"吏清政简，百姓乐业"，社会较为稳定。1148年（宋绍兴十八年，金皇统八年）十月，兀术病死，金熙宗亲自过问朝政，于是在兀术时期尚未表面化的金朝内部派性矛盾被凸现出来。

金廷内部矛盾激化，与金熙宗之妻悼后裴满氏的干政有着密切的关系。当时兀术既死，旧日重臣亦多死亡，故悼后无所忌惮地干预朝政，朝官往往因她之力以取宰相之位，由此在朝廷中形成势如水火的两大党派：一派有完颜勖（金太祖之堂弟）、完颜亮（1122—1161，完颜宗干之子）、完颜秉德（？—1150，粘罕之孙）、完颜宗宪（粘罕之弟）和契丹人萧仲恭（1090—1150）等人，得到悼后的支持；另一派有完颜宗敏（？—1149，金太祖之子）、完颜宗本（？—1150，金太宗之子）、完颜宗贤等人。金熙宗虽亲朝政，但无法摆脱宗室贵族的影响，徘徊于两派政治力量之间，使朝中军政大臣出现频繁的变动：

金熙宗因悼后所生之子夭折，且对悼后干政心怀不平，故太师、领三省事兼都元帅完颜宗贤便乘机劝说金熙宗别选后宫，以蕃子嗣，来打击悼后。悼后立即会同左丞相兼侍中完颜亮等攻击宗贤。1149年（宋绍兴十九年，金皇统九年）正月，宗贤被免官，领行台尚书省完颜勖擢升太师、领三省事，完颜亮为右丞相兼都元帅，两者分掌政权、军权。但仅过数天，金熙宗又以完颜亮为左丞相，宗本为右丞相，都元帅改任宗敏；刚被罢职的宗贤又为左副元帅，三天后又升任太保、领三省事。三月，金熙宗又改任完颜亮为太保、领三省事，宗本为右丞相兼中书令，宗贤为左丞相。尖锐的朝中党争，因与帝、后之争融成一片而更加错综复杂。不久，完颜亮生日，金熙宗命心腹侍从、寝殿小底（侍从长）大兴国（？—1183）去赐贺礼，悼后也附赐礼物。金熙宗大怒，命追回悼后的礼物，痛杖大兴国，使帝、后之争公开化。五月，完颜亮因完颜宗贤的攻击而贬官出朝，领河南行台尚书省；完颜宗贤兼任都元帅，完颜宗敏为太保、领三省事兼左副元帅。处于贵族纷争中的金熙宗，实际上已失去对政局的控制。

完颜亮是金熙宗养父宗干之第二子，他对金熙宗以金太祖嫡孙继位甚为不满，而怀觊觎之野心。此时，大为惧疑的完颜亮在出朝途经燕京时，会见了燕京留守萧裕（？—1154），密谋篡位大计，但因完颜亮随即在半路被金熙宗召还重用而未果。九月，完颜亮被任命为平章政事，以左副元帅宗敏代领河南行台尚书省事。数日后，金熙宗又任命平章政事秉德为左丞相兼中书令，宗本为太保、领三省事，与宗贤分掌军政之权。金熙宗因"屡杀宗室，棰辱大臣"，为自己树立了许多政敌，如曾因无罪而被杖责的完颜秉德、驸马唐括辨（？—1150）、大理卿乌带（？—1152）等，便始与完颜亮密谋废立。

正好此时河南士兵孙进发动兵变，自称是皇弟按察大王，而金熙宗只有常胜和查刺二个弟弟，故金熙宗怀疑"皇弟"可能是指常胜。完颜亮因常胜甚有人望，怕妨碍其篡位，故乘机诬陷河南兵变的幕后主持是皇弟常胜，使金熙宗赐死皇弟常胜、查刺以及宗室阿楞（金太祖重孙）、阿楞之弟达楞、将军特思等，为完颜亮篡位扫清了道路。十一月，金熙宗积多时之愤怒，杀死皇后裴满氏，而召弟媳常胜妃撒卯入宫，并立为皇后；数日后，又杀死德妃乌古论氏及妃嫔夹谷氏、张氏等人。金熙宗大肆诛杀，使朝中贵族大臣人人自危，陷于一片恐慌之中。

因为大兴国官任寝殿小底、近侍局直长,执掌宫殿符钥守卫,完颜亮要发动政变,刺杀金熙宗,必须得到大兴国的配合才成。而大兴国因当初完颜亮生日皇后送贺礼之事,无辜被杖,对金熙宗心存不满,故完颜亮设法与他联结,使大兴国答应做内应。十二月九日夜二更,大兴国取符钥打开宫门,假传诏旨召完颜亮等入宫,于是完颜亮与秉德、唐括辨、乌带、徒单贞(完颜亮妹夫)、李老僧(完颜亮心腹)等将刀藏在衣服下,闯入宫中。守宫门者因唐括辨为驸马,完颜亮为金熙宗之兄,不疑有他而放入。至金熙宗寝殿门口,侍从发觉有变,但被完颜亮等用刀逼住,不敢动弹。完颜亮等入殿,与内宫侍从护卫十人长仆散忽土(?—1161,完颜宗干的心腹)、阿里出虎(完颜宗干的姻家)等会合。金熙宗在睡中惊醒,急取睡榻上佩刀,不料已为大兴国藏起。阿里出虎、忽土先出刀刺金熙宗,金熙宗倒地,完颜亮又上前执刀刺杀,血溅其衣其面。金熙宗死时年31岁,被降封为东昏侯;其皇后裴满氏被谥为悼平皇后。

完颜亮刺杀金熙宗后,随即命兵部尚书完颜雍(即葛王,完颜宗辅之子)假传圣旨将曹国王完颜宗敏、左丞相完颜宗贤骗入宫中杀死。次日,完颜亮即帝位,是为海陵王,改年号为天德;自太师、领三省事完颜勖以下朝官20人皆加官晋爵。篡位功臣完颜秉德为左丞相兼侍中、左副元帅，封萧王；唐括辨为右丞相兼中书令，封王；乌带为平章政事，封许国王；大兴国为光宁府尹；徒单阿里出虎、忽土为左、右副点检（禁卫军之统帅）；徒单贞为左卫将军；萧裕为秘书监，高怀贞为修起居注等。

完颜亮篡位后，为保住帝位，便以杀立威，消除潜在的威胁。完颜亮对金太宗诸子十分忌恨，但当时金太宗一系势力最强，故决定先向粘罕一系开刀，随后各个击破，逐步镇压反对势力。

1150年（宋绍兴二十年，金天德二年）正月，乌带秉承完颜亮旨意，诬告完颜秉德欲立葛王完颜雍为帝，于是完颜秉德罢官。四月，乌带再次上告完颜秉德与完颜宗本谋反，尚书省令史萧玉告发宗本与完颜秉德、唐括辨等谋反，于是完颜亮乘机杀死完颜宗本、唐括辨、判大宗正事宗美等。随后遣使至各地杀死完颜秉德以及金太宗子东京留守完颜宗懿、中京留守宗雅、毕王完颜宗哲，金太宗孙北京留守完颜卞、平阳尹完颜禀、左宣徽使完颜京等，共计杀金太宗子孙70余人，粘罕子孙30余人，其他宗室成员50余人，金太宗、粘罕之后代遂绝。乌带、萧裕、萧玉等人因告发之功擢官。完颜亮还与萧玉结成儿女亲家，召萧玉之子为驸马。七月，乌带罢，出为节度使。乌带妻唐括定哥曾与海陵王私通，故完颜亮威逼唐括氏杀死乌带，随后收唐括氏入后宫，封为贵妃。十月，辈分最尊的太师、领三省事完颜勖被迫致仕。此时左副元帅撒离喝任行台左丞相，领兵在外。完颜亮因命挞不野为右副元帅去汴京，以分兵权。不久完颜亮便以谋反之罪诬杀撒离喝父子、平章政事完颜宗义（金太祖弟完颜杲之子）和太皇太妃萧氏（金太祖之妃）及其子任王偎喝，并族灭完颜杲子孙百余人，宗室、前工部尚书穆里野之族20余人。通过血腥屠杀，完颜亮稳固了其统治。

史称完颜亮是一个极残暴、极荒淫的君主。1151年（宋绍兴二十一年，金天德三年）五月，已基本消除了反对势力的完颜亮对宰相说："朕嗣续未广，前所诛党人之妇多朕中表亲，宜选纳宫中。"于是宰相以"益嫔御、广嗣续"为名，请完颜亮将其叔宗敏之妻、宗本儿媳、宗固儿媳和秉德弟媳以及斡离不之女、粘罕之女、宗本之女等多人收入宫中，封为嫔妃。对于完颜亮淫乱宗室妻女一事，后世称作其三大恶行之一。不过结合女真旧有风俗来看，此事与当时女真人保持的原始收继婚制，即"父死则妻其母（生母除外），兄死则妻其嫂，叔伯死则侄亦如之"有很大关系。如金熙宗之母徒单氏原为宗峻之妻，宗峻死后，改嫁宗峻之弟宗干，就是其例。因此完颜亮大杀宗室贵族大臣，并依照草原民族的习俗，将这些中表亲姊妹收入宫内，既能满足自己的私欲，又能平息她们的怨愤，避免她们与贵族中反对自己的势力联合。

虽然完颜亮好猜忌、好诛杀、好色等，但他还算是一个颇有才干、颇思有所作为的君王，并保持有少数民族君王所特有的直率性格。完颜亮生母大氏，是文化水平较高的渤海贵族大昊天之女，因此完颜亮也通晓汉制汉文，汉文化修养颇高。史称完颜亮好读书，好延接儒生谈论，并长于诗文，其自述胸臆的咏扇诗"大柄若在手，清风满天下"便是他留下的名句之一。完颜亮为提高皇帝的权威、强化其统治、使汉民从心理上认可其统治，他一方面进一步接受汉文化，采用汉仪礼制度，另一方面用汉制改革女真官制，为消灭南宋、一统天下作准备。

金初，在燕京、汴京设行台尚书省，沿袭辽、宋的汉官制度，与关外地区保持着一定的差别。1150年十二月，完颜亮下令废除行台尚书省，使政令统一于朝廷；废除金朝最高的军事机构都元帅府，仿宋制改设枢密院，由皇帝亲命枢密使、副使主管军事；改革金熙宗时将猛安、谋克分为上中下三等，"宗室为上，余次之"的做法，省并诸路节镇和猛安、谋克，"削上中下之名"，以降低宗室猛安、谋克的特权。次年，完颜亮又罢去万户这一由贵族、勋臣担任的且可世袭的重职，成为其加强皇权的有力措施。此后完颜亮又废除中书、门下省，只置尚书省，直属于天子，使权力更为强化而集中。这一制度被称为"正隆官制"，此后金朝历代皇帝对此官制未再作重大变更。

与此同时，完颜亮因为金政治中心在女真完颜部的最初住地上京会宁府（今黑龙江阿城区白塔子），局促于一隅，对幅员辽阔的域内统治多有不便，也不利于金朝的发展，特别是不利于女真族的汉化进程，因此当时不少人提议将都城南迁燕京，以得依山傍海、控制南北之利。此建策与完颜亮一统河山的宏图颇为合拍，故其不顾女真贵族中的反对意见，于1153年（宋绍兴二十三年，金贞元元年）下诏迁都燕京，并改名为中都大兴府，同时又改汴京为南京，中京大定府为北京，辽阳府为东京，大同府为西京。迁都中都的决定，是一件顺应历史发展、甚具政治魄力和远见的重大事件，从而成为金朝和女真族发展史上的一个重要标志，其影响极其深远。燕京的战略地位，在金末与蒙古的战争中再次得到充分的展示。完颜亮迁都后，为进一步摧毁女真贵族的反对势力，强化封建集权，而在中都西南大房山营建皇陵，将金太祖、太宗的棺木自上京迁移到此安葬和祭祀，拆毁上京的旧宫殿和各贵族在上京的住宅，将原封王爵的贵族一律削封，并继续施行在金熙宗时已经执行的将女真人南迁的政策，使女真猛安、谋克户散处于汉人村落之间，加速了女真人的农耕化和汉化，同时也含有让女真人与汉民互相监视的目的。

完颜亮颇有"天下一家，然后可以为正统"的思想，故设想"举兵灭宋，远不过二三年，然后讨平高丽、西夏，一统天下"。因此，迁都中都不过是完颜亮一统天下的第一步，其第二、第三步是迁都汴京开封、统一江南。但金朝群臣对此大加反对，认为国库匮乏，百姓困苦，且征讨南宋师出无名。可一贯独断专行的完颜亮听不进不同意见，提拔附会己意的李通、敬嗣晖为参知政事，以李通为"谋主"。1158年（宋绍兴二十八年，金正隆三年）十一月，完颜亮命左丞相张浩（？—1063）、参知政事敬嗣晖营建汴京宫室，作迁都南侵的准备。张浩将汴京原宋朝宫室台榭全部拆除，再加重建。其新建宫殿饰物，"遍傅黄金而后间以五彩，金屑飞空如落雪"，一殿之费于亿万计，成而复毁，极其华丽奢侈，以满足完颜亮好大喜功的心理。

史称完颜亮"勇于诛杀"，自迁都燕京后，依旧用诛杀来镇压反对者，先后诛杀了皇弟西京留守完颜蒲家、西京兵马使完颜谟卢瓦、右丞相萧裕、真定尹萧冯家奴、太原尹徒单阿里出虎、广宁尹韩王完颜亨等大臣。1159年（宋绍兴二十九年，金正隆四年）十二月，完颜亮在翰林侍读学士施宜生（？—约1160）出使南宋带回的《临安图》上题诗道："万里车书一混同，江南岂有别疆封？提兵百万西湖侧，立马吴山第一峰。"以表示其征讨江南、消灭南宋、一统天下的决心。但是持不同意见者依旧上书反对，连皇太后徒单氏也提出了反对意见。

完颜亮即位后，尊嫡母徒单氏为永寿皇太后、生母大氏为永宁皇太后。大氏病死后，徒单太后入住中都寿康宫。此时徒单太后认为"国家世居上京"，不满迁都燕京，更反对迁都汴京、进攻江南，在屡谏完颜亮止兵不听情况下，就将这些话对枢密使仆散师恭（即忽土）说了。完颜亮担心忽土领重兵在外，太后"或有异图"，便命护卫杀死徒单太后及其侍婢十数人，族灭枢密使忽土、北京留守萧赜、西京留守萧怀忠等。于是朝中震动，反对南侵的意见，谁也不敢再提了。

1161年（宋绍兴三十一年，金正隆六年）四月，完颜亮命百官先赴汴京治事。六月二十三日，完颜亮正式迁都汴京，为进攻江南作最后的准备。

从采石之战到"隆兴和议"

金朝决意叛盟南侵的消息,早在 1157 年南宋使臣孙道夫出使金朝归来时,就已向宋高宗作了报告,但宋高宗竟然回答:"朕待之甚厚,彼以何名为兴兵理由?"而宰相汤思退反认为其是为引用主战派张浚而故意谣传,便将孙道夫赶出朝廷。1159 年,国子司业黄中出使金朝还,上奏金朝营建汴京,要求宋廷"早为之备",但浑噩的南宋君臣对此决意不信。九月,出使金国的使臣王伦秉承宰相之意,回报宋高宗道:"邻国恭顺和好无他,此皆陛下威德所至。"宋高宗一听,对自己未听备战舆论而调兵遣将感到十分高兴。昏聩的南宋君臣高枕无忧,而北方金军的战争准备进行得更加急切。

这一年正月,完颜亮下诏关闭除泗州(今江苏盱眙西北)外的其他 10 处榷场,以防止泄漏南侵秘密。二月,完颜亮下令征调各路猛安谋克军,凡年二十以上、五十以下,一律纳入军籍,听候调遣;并将中都屯卒猛安军移迁至汴京,拱卫京国。猛安谋克军以女真兵为主,包括部分契丹、奚族兵,壮者为正军,约12万人,弱者为副军,也约12万人,加上中原汉军、渤海军和海路水军,共约27万人,分为27个军。完颜亮又命工部尚书苏保衡(1112—1166)在通州督造战船,命各路总管府督造兵器,汇集中都。八月,大括天下骡马,共括调马匹56万匹。次年,完颜亮又从猛安谋克军中挑选强健能射者5000人,亲自阅试,号为"硬军",十分强悍。完颜亮自夸道:"签兵数十万,只是张大声势,取江南,有此五千人足矣。"

1160年(宋绍兴三十年,金正隆五年)正月,金使施宜生来到临安。施宜生原为福建人,故陪伴金使的宋吏部尚书张焘(1091—1165)以故乡之情劝说施宜生,悄悄地打听军情。施宜生见身边副使不在,便为隐语道:"今日北风甚劲。"又取桌上毛笔敲着桌面,说:"笔来(意为必来),笔来。"暗示金军必定南侵。施宜生北还,因随从告发其泄密,而被完颜亮一怒杀死。但宋高宗对此消息依然半信半疑。五月,宋高宗派往金廷探听动静的同知枢密院事叶义问,证实金兵已集聚,有入寇之意。可宰相汤思退还是对此不闻不问,不许军民为战事作准备。年底,金军南进的消息已经明朗化,再也不容回避、隐瞒,一意主和的左宰相汤思退因此遭到抗金人士的猛烈抨击，宋高宗只得将汤思退免官，由右宰相陈康伯（1097—1165）主持布置两淮防务。

1161年（宋绍兴三十一年，金正隆六年）五月，金使高景山、王全来到临安，指责南宋"沿边买马、招致叛亡之罪"，明确要求南宋派大臣到汴京，商议割让淮南地区给金之事。六月，当完颜亮迁都消息传来，宋廷一片混乱，主和派又极力主张逃跑退避。此时，左宰相陈康伯竭力主张："今日之事，有进无退！"主战言论渐占上风，宋高宗也深知如听任金军过长江，自己的半壁江山再难偏安，故同意陈康伯的抗金处置：命吴璘为四川宣抚使，负责川、陕防务；命成闵为荆湖制置使，率军3万屯驻武昌，防守长江中游；命老将刘锜为淮南、江南、浙西制置使，节制诸路兵马，担负江淮地区抗击金军主力的重任；以李宝率战舰120艘，弓弩手3000人，屯驻江阴，以防海道。

九月，完颜亮决意发起侵宋战争，按原计划将60万大军（号称百万）兵分4路南进：东路由完颜亮亲率主力三十二总管兵，由汴京进军寿春，枢密使完颜昂（1100—1163）、尚书右丞李通、尚书左丞纥石烈良弼（1119—1178）等扈从；左监军徒单贞别将兵2万入淮阴，护卫大军侧后。中路以太原尹刘萼为汉南道行营兵马都统制，自蔡州（今河南汝南）南下进攻荆襄地区。西路以河中尹徒单合喜为西蜀道行营兵马都统制，由凤翔府西攻大散关，相机进入川蜀。此外以工部尚书苏保衡为浙东道水军都统制，益都尹完颜郑家奴为副，由山东出发，自海道直赴南宋都城临安。完颜亮以皇后、太子光英留守汴京，以尚书令张浩、左丞相萧玉、参知政事敬嗣晖在汴协助太子处理政务。

金军此时虽然军势极盛，但完颜亮的统治其实正处于风雨飘摇之中，其统治层内部的反战情绪甚烈，完颜亮虽以屠杀镇压反对意见，却更加剧了统治集团成员的离叛和分裂。当时金廷为营建汴京、南侵宋朝，而大起徭役、频调军旅，从民间急征调大量工匠征夫与财物材料，造成民不聊生，人心动荡，社会矛盾激化，各族百姓因此不断起义暴动。在西北路，由于契丹人不愿从军南下，故在契丹小吏撒八的领导下，杀死金廷派往契丹部落的女真征兵官，夺取兵甲3000副，举行起义。山前、山后牧民纷纷响应，前来会合。不久，起义军在金兵的围攻下发生分裂，移剌窝斡（？—1162）等杀死撒八，自称都元帅，领兵东还，扎营于临潢府附近。其后，移剌窝斡自称皇帝，抗击金兵。可见完颜亮选择此时进行一统战争，条件并不成熟。

十月初，完颜亮率军抵达淮河北岸，南宋负责淮西防务的王权闻风南逃，淮西河防无人防守，金军从容渡淮南下。此时南宋江淮主帅刘锜年老且病，因军心浮动，孤军难支，也只得率军自扬州退回镇江，专守长江防线。金军前锋在未遇到抵抗的情况下，迅速进抵滁州（今属安徽），占领真州（今江苏仪征）、和州、扬州等，兵临长江。完颜亮此次南下，为实现其一统天下的雄心，非常注意军纪，一改以往金军烧杀掳掠的残暴行为，所过"则善谕之，使各安业"。这也成为金东路军顺利进军的原因之一。但出乎完颜亮的意料，就在完颜亮在长江边指日誓师渡江之时，传来了金东京留守完颜雍在辽东发动政变、自称皇帝的消息。

完颜雍，为金太祖之孙、完颜宗辅之子，金熙宗时封葛王，官兵部尚书，被完颜亮降封为曹国公，任东京留守。当年完颜秉德在刺杀金熙宗时，曾欲谋立完颜雍，故完颜亮对完颜雍颇为忌疑，以心腹高存福为东京副留守，时刻监视完颜雍的一举一动。九月，完颜亮杀徒单太后、杀皇弟、杀枢密使仆散忽土等的消息传到辽东，令完颜雍大为不安。当时，从各地征召的南征将士不断在中途逃亡，自辽东征调的女真士兵2万余众因不愿南下，在曷苏馆女真猛安完颜福寿（？—1163）等率领下叛逃回辽阳，愿拥立完颜雍。完颜雍便与其舅、兴中少尹李石（？—1176）商议对策，李石向完颜雍分析大势，劝完颜雍乘完颜亮南攻宋朝、无暇北顾之际，先下手发动政变，夺取天下。此时完颜雍奉命出兵阻击契丹撒八等起义军，婆速府路总管完颜谋衍奉命领兵5000人助战，也劝完颜雍当机立断。十月八日，完颜雍在寺庙里设宴大会官属，执杀毫无戒备的高存福等人，在东京辽阳府发动政变，即皇帝位，改元大定，是为金世宗。金世宗下诏废黜完颜亮，暴扬其罪恶数十事；以完颜谋衍为右副元帅，高建忠为左监军，完颜福寿为右监军；并决定急赴燕京中都，抚定天下。中都留守阿琐等纷起响应。是日正是完颜亮率领大军渡过淮河，进兵庐州之时。

金军临压长江的消息传来，临安城内一片惊恐，宋高宗又想逃入海上躲避，经宰相陈康伯竭力劝阻，才被迫应战：任命知枢密院事叶义问督视江淮军马，中书舍人虞允文（1110—1174）为参赞军事；以心腹杨存中为御营宿卫使；以御史陈俊卿建言，召贬居永州的张浚判建康府；以御营先锋都统制李显忠（1110—1178）代将王权之军，昭示天下，准备抗战。但宋高宗仍暗中命令建造御船，以备海上逃命之需。

虽然南宋在长江北的军队纷纷败退江南，南宋督视江淮军事的叶义问不懂军事，胡乱指挥，宋军屡遭败绩，一片混乱，但完颜亮的处境却日益危殆。

首先是完颜雍称帝后，黄河以北地区的金军及州县官纷纷归附新天子，使完颜亮处于腹背受敌的窘境。而且此政变消息令进攻南宋的金军军心大为震动，故而从扬州军前逃亡北归者成群结队，且越来越多。其次，完颜亮分兵4路南侵，但其进攻四川的金西路军，被宋将吴璘阻击在凤翔府、大散关、和尚原一线。中路金军，自蔡州南下，进攻兴化军、信阳军失败，并因见宋军已有准备，且所积粮草又遭宋军焚烧，只得改向淮东；于是宋军与忠义民兵乘机收复了邓州、蔡州、新蔡（今属河南）、平舆（今属河南）等地。因蔡州处在金东路军的侧后，为此完颜亮不断派重兵前来争夺，城池几经易手，但宋军在成闵部将赵撙的率领下浴血奋战，终于牢牢地控制着蔡州城池。再次，金水军在胶州湾内的陈家岛外候风待发之时，率领南宋水军北上的李宝（？—约1165），先与攻占海州（今江苏连云港）的抗金义军首领魏胜（1120—1164）联络，并击溃金军对海州的围攻，然后在魏胜义军与山东义军的帮助下，深入胶州湾袭击金水军。李宝从来降的金军汉人水手处得知金军不谙水性，一遇风浪就匍匐船中的底细，便在十月二十七日凌晨，乘南风大起，率战船鼓噪而进，突入金军船队，朝金船投掷火雷，发射火箭,强征来的汉军水手纷纷逃走,金军战船大部被烧毁,未着火的数十艘船只企图突围抵抗,却被跳上船来的宋军将士杀败,逃上岸来的金兵又遭山东义军追杀,结果金水军全军覆灭,除都统制苏保衡只身逃脱外,副统制完颜郑家奴以下的女真将士大都被杀。因此,完颜亮成了一支孤军,而面前宽阔汹涌的长江江面,也使善于骑战而不惯水战的金军一筹莫展。

宋军南撤时,将江北的船只全部带到江南,为此完颜亮只得亲至和州督战,令金人拆民屋取木材赶造战船。因北人缺少造船经验,时间又急促,故所造船只不多,且小而行缓。十一月初,完颜亮亲至江边,令金军渡江进攻南宋采石要塞。副都督乌延蒲卢浑谏劝完颜亮持重,完颜亮一概不听。八日,南宋中书舍人虞允文来到采石犒军,却见王权已离军去了行营,而新帅李显忠还未至,从江北一路溃散下来的士兵三三两两坐在道边,士气低落,不复成军。虞允文见军情紧急,便整顿溃兵,激励士气,召集诸将勉以忠义,并道:"金帛、官吏任命书皆在此,以待有功者赏之!"众将士一听,信心大增,纷纷表示:"今既有主帅,请死战!"这时有人劝说虞允文道:"公受命犒师,未受命督战,万一兵败,公将受其咎。"虞允文不听,即指挥步兵扎营列阵,分水军和沿岸船民义军为五队，以防守正面与左右岸，及在中流阻击金船。

此时，完颜亮已派遣总管阿林、阿散率领舟师先渡江，立下"先渡者与黄金一两"的赏格，在江岸置立红旗、黄旗以号令进止，红旗立则进，黄旗仆则退，指挥40余艘战船从杨林口进入长江，冲向南岸。但由于金船不识水道，入长江者仅17艘，还由于江中风急浪高，船里金兵皆站立不稳，不能作战。当时有2船金兵抵达南岸，南岸宋军虽人数众多，临阵却极为混乱，抵挡不住，退向岸边。虞允文见状不好，亲至军中激励将士，稳住了阵脚。此时沿江民兵驾驶10艘海鳅战船，将金船冲散，金军小船纷纷被撞沉，无法支援已抵达南岸的金兵，使在南岸滩头的金兵百余人皆因水浅难以行动而被杀被俘。其余金兵逃回北岸，被愤怒的完颜亮处死示众。次日，虞允文索性命宋水军抵达杨林河口，阻击企图进入长江的金水军，并派遣敢死士将留在长江里的金船全部烧毁，粉碎了海陵王欲从采石过江的企图。完颜亮见于采石渡江已无可能，便引军赴扬州，准备从瓜洲南渡长江。

采石之战虽只是一个小小的遭遇战，而不似宋人所称誉的是一次大捷，但其意义重大：一是遏制了完颜亮从采石南渡长江的企图，使女真将士对长江天险更为惧怕，成为日后兵变的一大因素。二是制止了宋军自金兵渡过淮河以来连战连溃败的势头，终于在关键的时刻，在关键的地点击退了金军。故虞允文在采石挡住了金兵，对宋军士气的恢复影响极大，就如此后刘錡对前来探病的虞允文所说的那样："朝廷养兵三十年，一技不施，而大功乃出于一儒生，我辈愧死矣！"

完颜亮此时虽然面临金世宗在燕京称帝之变，但仍想孤注一掷先渡江灭南宋，占据江南半壁山河，然后北还与金世宗争雄，而使"南北皆指日而定"，因此下令屯驻瓜洲的金军3天内全部渡江南侵，违者斩首。此时江南屯驻镇江的宋军有杨存中、邵宏渊诸部，虞允文于采石之战后也率部分淮西军前来会战，命士兵南宋沿江一字展开，防守兵马不下20万。虞允文为试验新造大楼船的作战能力，在江中试航，围绕金山岛转了3圈，其行如飞，回转自如。金兵见后大为惊骇，斗志更为低落。于是军中谋求早日生还家乡的将士眼见前阻大江，南宋军队有备，进有生命之虑，退有"敲杀之忧"，便商议共行大事，然后举军北还。二十八日凌晨，金军兵变将士万余人乘完颜亮调身边"硬军"去攻打泰州（今属江苏省）之机，在浙西都统制耶律元宜的率领下，进攻守卫兵力单薄的完颜亮御帐。完颜亮闻乱，还以为是宋军前来偷袭，待知是属下兵变，不由惨笑地抽出佩剑出帐欲战斗，却被迎头而来的乱箭射杀。随完颜亮南来的妃嫔，和海陵王的心腹大臣尚书右丞李通、浙江道副统制郭安国（郭药师之子）、监军徒单永年等人皆被乱军所杀。

完颜亮是一个颇有争议的历史人物。由于他在金朝内部争权斗争中表现得十分残酷，如《金史·海陵本纪》所言：其"欲为君则弑其君，欲伐国则弑其母，欲夺人之妻则使之杀其夫。三纲绝矣，何暇他论"，而称他为古今第一大"无道之君"。其实完颜亮既有文才，又有武略与抱负，其迁都汴京与其对金朝政治制度等改革，对推进女真社会的发展颇多贡献，可算得上是金朝帝王中具有雄才大略者之一。完颜亮的恶名，很大程度上是由于继位的金世宗为证明自己篡位的正确而有意"暴海陵王蛰恶"，使当时史官修史书时多所附会而造成的。

完颜亮死后，耶律元宜自任左领军副大都督，使人赴汴京杀死皇后和太子光英，向金世宗表忠心；然后退军30里，遣使渡江到镇江约和。十二月初，耶律元宜率金军自扬州退兵北归，在河南活动的金军也随之北撤，宋军乘机收复了洛阳、嵩州和长永、寿安等县，形势甚有利于宋军，完颜亮的南侵彻底失败。

宋高宗得知金军北还后，才决定御驾亲征，1162年（宋绍兴三十二年，金大定二年）正月抵达建康府，犒赏三军将士。此时主战派元老大臣大多去逝，大将刘锜也刚刚病故，新判建康府张浚遂成为抗金派的希望所在，赢得了朝野广泛尊敬，连宋高宗的卫士也都自动行礼。此时金朝派出使臣前来江南告知金世宗即位的消息，宋高宗心知金人实有与宋媾和之意，甚合其乘胜求和之下怀，便私下对大臣说："朕料此事终归于和。"甚至宣称："至如以小事大，朕所不耻。"随后以"敌骑遁去，两淮无警"而暂还临安。虽然张浚处事布军，风采依然，宋高宗因迫于形势重用张浚，但对其成见依旧，故在其回临安前任命杨存中为江淮荆襄路宣抚使，全面负责前方军务，以虞允文为副使。此一任命，遭到部分官员的反对，给事中金安节、中书舍人刘珙指出："杨存中不堪此任，应托付虞允文负责。若陛下以为虞允文难以独当此重任，则请别择重臣，以付盛举。"宋高宗却认为这是专替张浚说话，便改任虞允文为川陕宣谕使，两淮战略要地仍由杨存中负责，而拒不重任张浚，只是数月后，迫于形势，才任用张浚替代杨存中。

金世宗虽已即位，但完颜亮的势力并未完全消灭，观望的官吏也复不少，而塞外等地的契丹、汉族农牧民起义此起彼伏，日趋激烈，两河地区的反金义军活动也日趋活跃，规模也日增。如山东人耿京占据东平府（今属山东），自称东平节度使，派掌书记辛弃疾到临安与南宋相联络，被宋廷任命为知东平府。金世宗为稳定其统治，力争各族贵族大臣支持，任耶律元宜为太保、都元帅，留守南京的尚书令张浩被封为太师，曾反对金世宗的将领白彦敬、纥石烈志宁（？—1172）也得重用，遭完颜亮排斥的官员也量才授职，翰林学士承旨翟永固擢任尚书左丞，济南尹仆散忠义（1115—1166）为右丞，移剌元宜为平章政事等；随金世宗举事的临潢尹完颜晏被任命为左丞相兼都元帅，其舅李石为参知政事，中京留守、西北面行营都统完颜毂英为左副元帅等，由此金世宗较为顺利地建立起统治核心集团。同时，金世宗为扭转军事上不利局面，对内遣放各地征召而来的士兵回家从事生产，安抚民心，并派大军围攻各地起义军以及两河忠义民兵山水寨；对外则将金军略为北撤，派都元帅完颜晏经略山东边事，向南宋作出无意南侵、发动新一轮攻势的姿态，并遣元帅府左监军高忠建为使臣出使南宋以求和，以达到迟缓南宋北征部署、为金朝赢得安定内部的宝贵时间的目的。

三月，金使到达临安。宰相陈康伯不顾宋高宗的反对，强硬地要求金使以对等的"敌国"之礼对待南宋君臣，此为南宋建国以来的第一次，一时朝野军民大为扬眉吐气。四月，宋廷商议回遣议和使臣，并贺金世宗即位。洪迈辞行，宋高宗给他一封密信说："河南祖宗陵寝隔绝三十年，不得以时洒扫祭祀，心实痛之！若彼能以河南地见归，必欲居尊如故，朕复屈己，亦何所惜！"但此只是宋高宗的一厢情愿。

自绍兴十一年宋、金和议成功以来，恐金心理极重的宋高宗已多年安居退养，雍容释负，养尊处优，故对此时朝政繁杂、朝野主战舆论大起的局面颇感难堪，因此，一生避战求和的他决意禅位，让出天子的无上权位，从国事中解脱出来，如其禅位诏中所说的"思欲释去重负以介眉寿"，养老于旖旎的江南佳山水之中。五月二十八日，宋高宗忽然下诏宣布立养子建王赵昚，明确表示其欲禅让之意。六月九日，宋高宗正式下诏内禅，传位皇太子，自己称太上皇帝，是年56岁。六月十一日，内禅典礼结束，宋孝宗即位。宋高宗传位宋孝宗虽是其不得已之举，但在客观上对维护南宋政权的稳定却有着至为重要的作用。

宋孝宗在太子时就主张抗金，待即位后，便起用张浚为少傅、江淮宣抚使，统一指挥两淮军事；随后又遣参知政事汪澈督师湖北、京西，命四川宣抚使吴璘兼陕西、河东路宣抚招讨使，积极进行北伐的准备。自当年岳飞父子被冤杀后，引起人们长久的怀念和不平，至此主战派官员和太学生纷纷上书为岳飞讼冤。宋孝宗为顺应人心,为岳飞平反昭雪,恢复岳飞的官爵、名誉,录用岳飞子孙为官。同时,宋孝宗又下令秦桧党羽不得"辄至行在"。崇岳贬秦的结果,使朝野抗金舆论为之一振。但由于宋高宗在退位前夕撤销了为抗金而设立的两淮、荆湖三个招讨宣抚司,给宋孝宗留下一个趋和的政局。而且出任参知政事的史浩(1106—1194)是一个主张持重缓进的人,对张浚的抗金部署甚不赞同。史浩作为宋孝宗为东宫太子时的老师,其言论对孝宗影响颇大。因此宋孝宗对是和是战的决策,颇为举棋不定,而思欲先通过遣使交涉来取得与金平等的政治地位。

此时,四川吴璘在反击金军来犯后,一举收复了秦凤、熙河、永兴三路。金军为夺回被宋军攻占的州县,便以重兵扼守凤翔府,以蒲察世杰率领10万大军前来决战。吴璘屯军战略要地德顺(今宁夏隆德)以防备之。史浩以宋军深入陕西,远离川口,怕金军偷袭川口得手而长驱直入四川为借口,让宋孝宗下诏命令吴璘班师,全力守护川口。川陕宣谕使虞允文上疏反对,史浩便以虞允文"论边事不合"之名贬知夔州。吴璘接诏后,有鉴于岳飞的遭遇,不敢违抗,即刻撤军,在途中为金军所邀击,伤亡极大,陕西三路得而复失。南宋西线战事失利,使金人对宋态度更趋强硬。于是宋孝宗也转变与金议和之念，全力备战北伐。

1163年（宋隆兴元年，金大定三年）正月，宋孝宗以陈康伯为左宰相，史浩为右宰相兼枢密使，张浚为枢密使、都督江淮东西路军马，被秦桧罢黜的辛次膺被任命为同知枢密院事，胡铨也被召入朝，使主张抗金的官员在朝中占了优势。

此时北方的金世宗通过虚心纳谏、任人唯贤、德才兼重等措施缓和了统治集团内部的矛盾，通过减轻赋税徭役，安抚百姓，化剑为犁，以缓和已十分激化的社会动乱，并以剿抚相结合的手段镇压瓦解了各族农牧民起义军和山水忠义民兵，使金国局势已渐趋稳定，解除了后顾之忧。此时，金世宗针对南宋派张浚出师江淮，也派右丞相仆散忠义等统10万大军屯驻河南，左副元帅纥石烈志宁领兵屯驻睢阳（今河南商丘）。志宁为金朝开国元勋梁王、太师兀术之女婿，富有才干，深得金世宗的欣赏。三月，纥石烈志宁派人前来索取被宋军收复的海、泗、唐、邓、商五州之地和岁币，为张浚所拒绝。纥石烈志宁遂调遣军队，摆出一副南下攻取两淮的架势，以牵制或扰乱南宋军队的北征计划。

张浚出帅江淮，作北征收复失地的准备，但遭到右相史浩的极力反对。宋孝宗一时拿不定主意，便召见张浚，询问恢复计划，张浚请即日下诏亲征，将行在移至建康，以鼓舞将士北伐士气，再遭史浩的异议。于是张浚与史浩在殿上激烈争论，结果不欢而散。次日，张浚单独求见宋孝宗，建议抢在金兵秋季南侵以前及时进军。为避免史浩的阻挠，宋孝宗同意绕过相府和枢密院，由张浚单独措置军务。史浩得知自己未能与闻军政，便以辞相要挟。四月，宋孝宗为表示对张浚出兵的支持，罢去史浩的宰相一职。

宋军北伐之初，进展较为顺利。在宋孝宗的支持下，张浚合兵8万，令屯扎濠州的李显忠军、屯驻泗州的邵宏渊军分道进攻宿州（今属安徽）。五月十二日，李显忠按原定计划，一战收复了灵璧县（今属安徽）。但邵宏渊围攻虹县（今安徽泗县），却打不下来。李显忠派降兵前去劝说，守将马上开城门投降。看到战功皆为李显忠所夺得，邵宏渊大为不快。十六日，李显忠独力在宿州附近大破金军，斩首数千，乘胜收复了宿州城。捷报传来，宋孝宗大为振奋，在张浚提议下，擢任李显忠为淮南、京东、河北招讨使，邵宏渊为副使，继续统兵北进。但因邵宏渊更为不悦，宋廷遂又改令依旧两将共同节制全军。由于号令前后不一，造成指挥混乱，宋军上下乱作一团。二十日，纥石烈志宁率金军主力自睢阳反攻宿州。二十二日，李显忠率兵出城迎战，用克敌弓击退了金军的几次进攻。不久，金人援军赶到，李显忠要邵宏渊出兵夹击金军，但邵宏渊不听节制，按兵不动，反而煽动将士道："当此盛夏，摇扇于清凉之下，犹且不堪忍受，况于烈日下披甲苦战乎？"于是军心混乱，自乱阵脚。当夜，中军统制周宏、邵世雄（邵宏渊之子）等将领率所部逃走，李显忠迫不得已，只能退回城中固守。次日，金军乘机攻城，李显忠率本部将士竭力抵挡，但宋军已无斗志，李显忠便同意撤兵，连夜开南门南归。纥石烈志宁得知宋军南逃，即率军占领了宿州，命万户夹谷清臣（1133—1202）统兵追击。宋军在符离被金兵追上，士兵、丁夫13万众一夜大溃，挤入河中溺死的士兵不计其数，军器辎重全部丧失，宋军惨败而归。

符离战役是宋、金战和转折的一次关键战役，此战宣告了宋孝宗北伐战争的结束。溃败的原因甚多，但最重要的原因在于宋高宗、秦桧20年的乞和投降政策，已销毁了南宋的军力国防、人才士气，与绍兴前期情形已不堪相比。幸亏此时金朝的国力也大不如前，加上政局尚未十分稳定，又鉴于兀术、完颜亮两次南征江南的失败经验，使金世宗无意再蹈覆辙，故一胜之后，随即收兵讲和，以收复被宋军攻占的"旧疆"为满足。南宋因此战败，主和投降舆论大炽，宋孝宗也不敢再坚持作战，于七月再度起用秦桧之党羽汤思退主政，两国间重开和谈事。但宋孝宗并未彻底放弃收复中原的打算，八月，命张浚在海、泗、濠、滁等州部署防务，加强两淮守备，任命刘宝为镇江诸军都统制兼淮东招抚使，以杨存中为御营使、节制御前司军马、检视沿江守备，命浙西副都总管李宝兼御营统制官、措置浙西海道，以虞允文为湖北、京西制置使，加强长江和海道防守。

此时金人提出的议和条件，一是归还海、泗、唐、邓4州，二是岁币，三是称臣如旧，四是归还中原归正人（指逃入南宋的中原士人百姓）。汤思退准备全盘接受，并派使臣卢仲贤出使金营议和。张浚、胡铨力争和议之害，宋孝宗动摇于和战之间，但还是叮嘱卢仲贤"勿许四州"。此时深居内宫的太上皇宋高宗亦支持和议，并要宋孝宗不要相信张浚的"虚名"。卢仲贤对此无所适从，并在金人的威胁下表示同意归还4州。汤思退因此大喜，而宋孝宗却不想过于示弱，便以"擅许四州"之罪，将卢仲贤革职查办。十二月，宋孝宗命汤思退为左宰相兼枢密使，主持和议，张浚为右宰相兼枢密使，仍都督江淮东西路军马，负责军务，欲和战兼顾。但宋孝宗此举进一步激化了朝中大臣的矛盾，使朝廷中和战争论更为纷纷。

汤思退攻击张浚是"大言误国，以邀美名"，并为迫使宋孝宗同意割让4州，竟抬出太上皇来压皇帝，要宋孝宗"奉奏太上皇而后从事"。宋孝宗对此大为恼火，斥责汤思退道："金人无礼如此，卿犹欲言和。今日敌势，非秦桧时比，卿议论比秦桧不若！"但宋孝宗也不敢因此将得到宋高宗撑腰的汤思退罢免。1164年（宋隆兴二年，金大定四年）二月，宋孝宗派胡昉使金，拒绝割让4州。胡昉由此被金人扣留，和议暂时搁浅。于是宋孝宗再命张浚视师江淮，但对张浚"复谋大举"的主张却不再支持。四月，宋孝宗罢江淮都督府，张浚失去了兵权。不久，张浚又被罢去宰相一职，出判福州。八月，张浚于赴任途中病死。张浚虽因才干等原因，犯下了屈杀曲端、激反郦琼、忌妒岳飞、引用秦桧等错误，给南宋恢复大计带来无可挽回的损失，但他一生坚持抗金、拒绝向敌寇低头求和，至死不变，由此也赢得了南宋军民和士大夫的尊敬。

张浚方罢相出朝，汤思退即命拆除两淮前线守备，调名将魏胜知楚州，而放弃海州，并派魏杞去金朝议和，为割地求和作准备。汤思退因朝中坚决反对和议的官员还大有人在，故为迫使宋孝宗同意议和，竟秘密遣人至金营"谕敌以重兵胁和"，即要求金朝配合，出动军马来胁逼南宋同意和议。十月，金军自清河口进攻楚州。宋军对此全无戒备，知楚州魏胜统帅义军拒敌于淮阳，派人向淮东帅臣刘宝求救。刘宝认为此时正在议和，绝无金军无故入侵之事，按兵不动。十一月初，魏胜孤军苦战，最后弓矢用尽，魏胜中箭阵亡。金兵占领楚州，刘宝弃城而逃；金军再侵占濠州、滁州，都统制王彦逃走，再次兵临长江。消息传来，群情激愤，纷纷揭露汤思退急于乞和、自坏边备的罪责。于是宋孝宗将汤思退罢相，流放永州居住，太学生张观等72人上书论汤思退等奸邪误国，乞将其斩首。汤思退闻知，惊惧而死。宋孝宗召命陈康伯为左宰相兼枢密使，虞允文为同签书枢密院事，全力抗金。此时，宋将崔皋在六合挫败了金军的前锋，胡铨在淮东督促李宝击退了进犯的金兵，金军的南侵已成强弩之末，然而孝宗面对近20万、号称80万的金军，和因汤思退的破坏而毫无戒备仓促应战的宋军的局势，以及顾忌在主和派背后的太上皇帝，只得于十二月完全遵从金朝的条件议和：一是南宋皇帝不再向金称臣，改金、宋君臣关系为叔侄关系；二是改"岁贡"之名为"岁币"，其数量由原先银帛各25万两匹减为各20万两匹；三是疆界恢复绍兴旧状，以淮河、大散关为界，海、泗、唐、邓、商、秦六州依旧交还金朝；四是归还被俘人，不归叛亡人。此即"隆兴和议"。次年正月，宋使到金都燕京呈递国书，得到金世宗的批准，和议成功。

"开禧北伐"的前因后果

"隆兴和议"使金朝基本维持了"绍兴和议"中所获得的利益,而南宋恢复中原失地的愿望却遭破灭,宋孝宗对此心中愤然,曾屡次派使臣与金交涉,欲在军事准备尚未完成的情况下,运用外交手段来达到自己的部分目的,要求金人归还宋河南列帝陵寝之地和更改国书的书仪。金世宗对此有清醒的认识,深知宋孝宗屈辱求和只是一种无奈之举,而金军战斗力下降,无力灭亡南宋,故一方面发展生产,稳定政局,并加强边备,同时又注意维护和约,不主动挑衅,诏令官员有"妄言边关兵马者,徒二年"。在这一情况下,宋孝宗的外交努力,因缺乏军事与经济实力为后盾而屡屡遭挫。为达到报仇雪耻的目的,宋孝宗任用虞允文整顿军备,欲以武力收复中原。

1167年(宋乾道三年,金大定七年),宋孝宗擢任虞允文为知枢密院事兼参知政事,代替刚病故的吴璘出任四川宣抚使一职，主持西线军政。虞允文在四川检阅诸军，淘汰老弱，以节省军费；组织民兵，分区防守；妥善安置"归正人"，赈济饥民，减免赋税。不一年，蜀民顿苏，军政一新。1169年（宋乾道五年，金大定九年）八月，虞允文为右相兼枢密使。在虞允文的主持下，南宋又在淮东设置民兵组织万弩手，名神劲军；着手拣选南宋官兵，增置水军；并在鄂州建置岳飞庙，赐庙名"忠烈"，以激励抗金士气。1172年（宋乾道八年，金大定十二年）二月，虞允文升左相。九月，虞允文因反对宋孝宗任用近习而未被天子接纳，遂辞去宰相，再次出任四川宣抚使。行前，宋孝宗与虞允文约定当天子亲征时，四川方面要配合行动，以会师于河南。虞允文再次入川，增军饷，括民马，备器械等，于军力、财力上为北伐作积极准备。为积蓄力量和等待有利时机，虞允文一再推迟出兵时间。次年十月，急于求成的宋孝宗密令虞允文早日出师，但虞允文还是以"军需未备"为由不奉诏。因为北方在金世宗的统治下，确也无隙可乘。

《金史》称金世宗"性仁孝，沉静明达"，"明祸乱之故，知吏治之得失"。故其即位后，设法缓和十分尖锐的社会矛盾，发展生产，逐渐清除女真奴隶制度，全面采用汉人封建政治制度，以适应社会经济发展的变化。辽代时为扩大和发展寺院经济，国家赐给寺院土地、人口，成为"分其税，一半输官，一半输寺"的二税户。金初，寺院乘战乱之机，将原属农奴性质的二税户变为奴隶，引起很大的社会问题。金世宗即位后第二年，诏令把这些二税户放免为良民，并禁止奴隶主把农民变为奴隶或出卖奴隶，以利于封建制的发展。为适应社会发展，金世宗在"正隆官制"基础上，对官制略加增损，减并冗繁，较重要的改变是在尚书令、左右丞相外另增平章政事二人作为宰相，而以左右丞、参知政事为执政官，使更多的官员参与政事，以稳固其统治。同时金世宗又大力尊孔崇儒，设立译经所，用女真语翻译儒经，并完善科举取士制度，在汉人进士外另设女真进士，使儒学传播更广。为此《金史·文艺传》称誉"世宗、章宗之世，儒风大变，学校日盛。士人由科举而列宰相甚多"。金世宗还注意协调西与西夏、东与高丽的关系，采取和平相处的政策。由此，在金世宗的治理下，金"群臣受职，上下相安，家给户足，仓廪有余"，而史有"小尧舜"之称。

1174年（宋淳熙元年，金大定十四年）正月，虞允文在治理四川卓有成效之时，因操劳过度而病死。力主北伐的虞允文之死，对宋孝宗打击极大。此后因朝中妥协求和势力渐占上风，国家财政也远远不能支持长期的战争，加上宋高宗时常牵制朝政，使宋孝宗意志日趋消沉，完全丧失当日锐气，最终放弃了收复中原的计划，使宋金间保持了30余年无大战事。

南宋"行在"临安城本是个秀丽妩媚之城，虽在南宋初年数遭兵火，但在绍兴年间就得到了快速发展，至绍兴末年，城内外居民屋宇高森，接栋连檐，寸尺无空，巷陌壅塞，人烟生聚，民物阜蕃，成为一个繁华的大都市。宋孝宗即位后，为使宋高宗得以颐养天年，在皇宫中新建了好几座宫殿。至此，意志消沉的宋孝宗也热衷于"球马之细务"，使宋廷文恬武嬉更为严重，并且流风所及，临安城歌楼舞榭，灯红酒绿，走马游船，达旦不息，完全忘却家国之仇、靖康之耻。当时太学生林升对此作诗讽刺揭露道："山外青山楼外楼，西湖歌舞几时休；暖风熏得游人醉，直把杭州作汴州。"

1187年（宋淳熙十四年，金大定二十七年）十月，宋高宗病死于德寿宫，享年81岁。时年已61岁的宋孝宗为从繁杂的政务中脱身，便借口为宋高宗守孝，令皇太子赵惇（1147—1200）参决政务。1189年（宋淳熙十六年，金大定二十九年）正月，宋孝宗以周必大为左相，以留正为右相，为"内禅"作准备。二月，宋孝宗正式传位给皇太子，然后退住重华宫，称寿皇圣帝。太子即位，是为宋光宗。

与宋孝宗对太上皇帝唯命是从的态度完全不同，宋光宗一登上皇位，就不愿受宋孝宗的控制，从而父子间产生了很大的矛盾。是时左相周必大为宋孝宗心腹，而右相留正为宋光宗为太子时的旧臣，故而两人"议论素不合"，至五月，宋光宗借机罢免周必大，升留正为左相。宋光宗皇后李氏，史言其"性妒悍"，为宋高宗所不喜，而屡遭宋孝宗的训斥，李氏对此怀恨在心。李皇后仅嘉王赵扩（1168—1224）一子，留正多次密奏宋光宗请立嘉王为太子，但宋孝宗因不满李皇后，故未同意。因宋孝宗甚喜爱宋光宗之侄赵抦，因此引起宋光宗夫妇的惊疑，而不肯再定期去重华宫朝见宋孝宗。1191年（宋绍熙二年，金明昌二年）十一月，李皇后乘宋光宗出宫祭祀天地之机，杀死了天子宠爱的黄贵妃，"以暴疾闻"。当夜，宋光宗祭天时，突遇大风雨袭击，灯烛俱灭。天子受此一系列事件刺激，而感"心疾"，不能视朝，使朝政大权归入李皇后之手。此后李皇后因为立太子事，与宋孝宗公然反目。从此宋光宗夫妇拒不朝见宋孝宗，两宫矛盾极端激化。

1194年（宋绍熙五年，金明昌五年）五月，宋孝宗病重，宋光宗不顾宰相留正等大臣的恳求，不去重华宫探疾。六月，宋孝宗病死，宋光宗仍拒不出宫主持丧礼，使临安城内谣言四起，朝廷上下一片混乱。一天晚上，留正接到宋光宗"念欲退闲"的御批，大感惊恐。留正获知知枢密院事赵汝愚等人欲强迫宋光宗"禅位"，故对御批是否出自天子亲笔甚表怀疑，为使自己不卷入宫廷内争中，便逃到临安城外力请致仕。赵汝愚（1140—1196）为宋太宗长子楚王元佐的七世孙，此时与另一宗室大臣工部尚书赵彦逾联络殿前都指挥使郭杲、知阁门事韩侂胄（1152—1207）等，争取太皇太后（宋高宗妻）、皇太后的支持，迫使宋光宗内禅。七月四日，嘉王赵扩在宋孝宗灵柩前即位，是为宋宁宗。这次宫廷政变，使南宋王朝平稳地渡过了一次政治危机。

宋宁宗即位后，赵汝愚以"定策功"迁枢密使，不久升拜右相。赵汝愚执政后，擢任其友善的章颖为侍御史，黄裳为给事中，陈傅良、彭龟年并为中书舍人，以控制言路。随后，赵汝愚又召用著名理学家朱熹（1130—1200）为侍讲，成为天子的老师；并收召杨简、吕祖俭等道学家入朝，结成一权力集团。赵彦逾本想升拜执政，韩侂胄本想获得节度使的赏赐，但赵汝愚借口赵彦逾为宗室大臣，韩侂胄为后戚（韩侂胄之母为太皇太后之妹，其妻为太皇太后之侄女，宋宁宗之妻为其侄女），故仅任赵彦逾为四川安抚制置使兼成都府，韩侂胄为汝州防御使。两人大为不满，合谋攻击赵汝愚结党营私，把持朝政。

闰十月，被朱熹讲说的有关正心诚意、人欲天理一套说教搞得十分厌烦的宋宁宗，在韩侂胄的鼓动下，罢去朱熹侍讲一职。赵汝愚、陈傅良等人极力上疏请留朱熹，指责韩侂胄奸佞不法，但都无济于事。韩侂胄依恃天子的宠任展开反击，通过"御批"任命亲信刘德秀、李沐、胡紘等为言官，而先后罢免陈傅良、彭龟年等官职，削弱了赵汝愚的力量。韩侂胄引用积极反对赵汝愚集团的京镗（1138—1200）为参知政事，使赵汝愚在朝中完全被孤立。1195年（宋庆元元年，金明昌六年）二月，李沐上疏攻击赵汝愚以宗室居宰相之职，"非祖宗典故"，且其"倚虚声，植私党，以定策自居，专功自恣"。于是赵汝愚罢相，出判福州，随又罢为祠官。同时，韩侂胄将反对自己者一概诬以赵汝愚党人而排斥出朝，如直学士院郑湜、兵部侍郎章颖、国子祭酒李祥、知临安府徐谊等人。四月，太学生杨宏中等6人伏阙上书，抨击韩侂胄奸佞误国，结果杨宏中等6人遭到"送五百里外编管"的惩处。当时天下人号称杨宏中等为"六君子"。十一月，胡紘又弹劾赵汝愚"唱引伪徒，谋为不轨"，宋宁宗贬赵汝愚于永州。不久，赵汝愚死于赴贬所的途中。在这场权力之争中，韩侂胄取得了胜利。

1196年（宋庆元二年，金承安元年）正月，宋宁宗以主张对金态度强硬的京镗为右相，而加保宁军节度使韩侂胄开府仪同三司，权在宰相之上。韩侂胄因为以朱熹为首的道学家都旗帜鲜明地支持赵汝愚，故使胡紘上书攻击道学为"伪学"。二月，知贡举叶翥攻击朱熹"以匹夫窃人主之柄，鼓动天下，故文风未能丕变"，宋宁宗由此诏令是年科举取士，举人试卷文字"稍涉义理者悉皆黜落"。八月，朝廷"申严道学之禁"，官员出迁改官需于奏章文字前申明自己"非伪学之人"，参加科举者也必须注明自己不是"伪学"之人。十二月，朱熹被削职罢祠官。稍后刘三杰又攻击"伪学"为"逆党"，有官员甚至上疏请求天子"置伪学之籍"，便于处理。韩侂胄即刻接受这一建议，于次年底置"伪学逆党籍"，共59人，其中宰执4人、待制以上官13人、余官31人、武臣3人、士人8人，赵汝愚、朱熹、周必大、留正、陈傅良、吕祖俭等皆在其中。这做法简直就是蔡京"元祐党籍碑"的翻版。1198年（宋庆元四年，金承安三年）五月，宋宁宗拜韩侂胄为少傅，并正式下诏"禁伪学"。史称"庆元党禁"。严格说来，收入这"党籍"中的人，如留正等人并不与道学相干，可见这其实只是韩侂胄利用"伪学"党禁打击政治对手的一个手段而已，因此庆元"道学"之禁，从本质上看是一场政治斗争,而非学术之争。

韩侂胄利用"伪学"打击政敌,巩固了自己的权位,而趋利之徒也竞相奔走于门下。如吏部尚书许及之献媚韩侂胄无所不至,因居官两年未迁升,故每见韩侂胄便涕泪交流,屈膝恳请,韩侂胄恻然相怜,擢升同知枢密院事。不久逢韩侂胄生日,许及之来韩府祝贺迟至一步,大门已关,就由门闸下匍匐而入。时人笑骂他是"由窦(狗洞)尚书""屈膝执政"。而工部侍郎赵师𢍰为了取悦韩侂胄可谓更甚,当韩侂胄游园时说山庄竹篱草舍间"真田舍间气象,但缺犬吠鸡鸣"时,随从的赵师𢍰便伏身草丛中学狗叫。由此韩侂胄网罗了一批亲信占据朝廷上显官要职。如陈自强本为韩侂胄童年时老师,故自选人不四年擢升至执政,后又升任右丞相。苏师旦又为平江府书吏,因在韩侂胄手下干过,故被擢任疏密都承旨,进而除安远军节度使,成为韩侂胄在军事上的主要策划者,权势甚至超过陈自强。这些人为非作歹,收受贿赂"动以亿万",造成吏治大坏。随着权势日固,韩侂胄官位日升,至1202年(宋嘉泰二年,金泰和二年)官加太师,封平原郡王。由于韩侂胄的外戚身份,故其不能出任宰相之职,于是韩侂胄设法将太傅、太师之类虚衔变为实职,执掌朝政,而使宰相为"具官"而已。

是年二月，韩侂胄深感此时所谓"道学"中人已不再对他权位构成危险，道学头面人物赵汝愚、朱熹等人与坚决主张禁"伪学"的京镗皆已死去，反道学的何澹、刘德秀、胡纮等人也离开了朝廷，故而为了稳固政局，以利即将进行的对金战争，韩侂胄决定"稍示更改，以消中外意"，而突然宣布"弛伪学党禁"，不久又追复赵汝愚、朱熹、周必大、留正等人官职。历时6年的"庆元党禁"，至此基本结束。

自绍兴以来，南宋朝野爱国志士对北伐抗金以收复中原失地的努力从未放弃，韩侂胄出于欲笼络士人与欲"立盖世功名以自固"的目的，遂将主要精力放在对金用兵上。当时金朝派到南宋的使臣，蛮横无礼，肆意侮辱南宋君臣，甚至提出要宋廷更改接见金使的仪式，使宋宁宗大为愤怒，故支持韩侂胄对金采取强硬政策。韩侂胄便在朝野抗金舆论的推动下，积极准备北伐。

1189年，即宋孝宗"内禅"的同一年，金世宗死，其孙完颜璟（1168—1208）即位，是为金章宗。金章宗是金朝皇帝中汉化最为彻底的一人，其初即位，上承金世宗之治，"治平日久，宇内小康"，故金章宗通过"正礼乐，修刑法，定官制"，将金世宗时期所颁行的制度等用法律形式固定下来，最终完成了女真社会的封建制转化；并削弱了猛安、谋克的种种特权，允许女真人与汉人联姻通婚，以减弱民族矛盾，作为国家长久安宁之计，而加快了民族间的融合。同时，金章宗还允许女真人举进士，通过科举考试而入仕。此举对儒家文化在金国内的广为传播影响巨大。故《金史·章宗纪赞》称，金章宗"数问汉宣（帝）综核名实、唐代考课之法，盖欲跨辽、宋而比迹于汉、唐"。在金章宗统治前期，金朝户口增加，生产发展，财政收入丰裕，成为金朝统治的极盛时期。但随着封建制的深化，金朝新的社会矛盾不断产生，并渐趋激烈。

由于金章宗是以皇太孙的身份即位的，因而引起金世宗诸子的不满，金章宗为此强化了对诸王的控制。1193年十二月，郑王永蹈因谋反罪名被杀，金世宗另一儿子永中受黥刑。次年，永蹈之子爱王大辨据五国城叛变，金章宗派兵征讨，大辨与蒙古人联兵抵抗，使金军进讨数年而未能取胜。

金朝前期，北方游牧民族中以鞑靼最为强大。鞑靼部落联盟在辽代道宗时曾遭到辽军的攻击，部落联盟长被杀，联盟解体，但活动于呼伦湖、贝尔湖一带的鞑靼各部落依然十分强大，迫使原居此地的蒙古族西迁，处于金朝的统治之下。此时，蒙古合底斤等部落侵扰金边地，金章宗于1195年五月派左丞相夹谷清臣率军出征，并令鞑靼出兵助战。次年，金军在鞑靼部落长斜也的配合下，击败合底忻等部，掳掠了大批牛羊、物资。夹谷清臣对鞑靼掳掠百姓十分不满，遣使诃责。斜也大怒，出兵攻金。于是金章宗命右丞相完颜襄（1140—1202）代替夹谷清臣统领其众以挽救局面。

当时金军兵分两路，东路军到龙驹河（今克鲁伦河）被鞑靼包围，3天不能突围。完颜襄率军增援，里应外合，鞑靼退至斡里札河（今乌尔匝河）。金西北路招讨使完颜安国率军追击，蒙古孛儿只斤·乞颜部长铁木真（即成吉思汗）与克烈部等出兵夹击，杀鞑靼部落长蔑古真。金朝加铁木真以部落军统帅的名号。1197年，鞑靼再次起兵反金，完颜襄屯兵北京大定府（今辽宁宁城西大名城），安抚边民，出兵邀击，迫使斜也归附金朝。次年，金军降服蒙古广吉剌、合底忻、山只昆诸部后，决定在北疆修筑壕障，起自临潢府左界至北京路，挖沟筑垒作为阻塞，以抵御游牧部落的侵扰。

金章宗在位时久，政治渐乱，再次出现后宫干政之事。金章宗即位后，封其宠爱的歌女李师儿为元妃，使元妃的势位显赫，与皇后抗礼。元妃之兄李喜儿、铁哥皆擢任显近高官，势倾朝廷，趋利之徒竞奔走其门下。如胥持国依附元妃而致位宰相，由此弄得"朝纲不正，军民皆怨"。加上当时黄河多次发生决堤之灾，水、旱灾接连不断，以及连年征讨鞑鞑、蒙古，金朝耗费了极大的财力，造成社会动荡，金朝统治因此由盛转衰。

感觉到金国力变化的南宋人，决意乘机北伐以收复中原。1204年（宋嘉泰四年，金泰和四年）初，新任浙江安抚使辛弃疾（1140—1207）对宋宁宗说道，金国必乱，要求大臣对金备战。不久，出使金国的宋使邓友龙回临安，声称有金人夜半求见，对他说："金国困弱，王师若来，势若拉朽。"于是韩侂胄聚集财物，招募士卒，修缮城池器械，并拿出封桩库（宋宫廷内库）黄金一万两作为赏功之用。同时，宋军又开始不断侵扰金边界，以为试探。五月，宋廷追封岳飞为鄂王，以激励武臣斗志。1205年（宋开禧元年，金泰和五年）七月，韩侂胄被拜为平章军国事，立班宰相之上，三天一赴政事堂议事，三省官印都放在其家中，被人尊称为"师王"，大权独揽。

1206年（宋开禧二年，金泰和六年）初，韩侂胄以兵部尚书薛叔似为湖北京西宣抚使，鄂州都统赵淳兼京西北路招抚使，知襄阳府皇甫斌为副使，御史中丞邓友龙为两淮宣抚使，殿前副指挥使郭倪兼山东、京东路招抚使，程松为四川宣抚使，吴曦（1162—1207）为副使兼陕西、河东招抚使，准备从两淮、京西、川陕三路对金发动全面进攻。四月，宋廷以秦桧"主和误国"之最，追削其王爵，并将他的谥号改为"缪丑"。此时，郭倪派军分取泗州、新息县（今河南息县）等地的消息传至临安，韩侂胄便请宋宁宗下诏伐金，对金战争正式开始，史称"开禧北伐"。

金朝对南宋的进攻早有准备，采取后发制人的战略，命令河南守臣看护韩侂胄的祖坟，同时命令平章政事仆散揆（？—1207）在开封主掌河南行省，节制河南军兵，分守要害。至此金章宗也正式出师应战，以仆散揆兼左副元帅，都督诸军对宋军展开全面反击。

由于南宋军政腐败，将帅乏人，多数将领贪生怕死，平日掊克士兵，中饱私囊，而士兵平时也缺少严格训练，故而宋军的士气与战斗力皆极差。宋、金正式交战之初，奉命进攻蔡州的宋王大力部被金军击败，士兵溃散。随即宋军进攻唐州、寿州失利的消息又传到了临安。此时作为宋军主力的东路军，在郭倪指挥下进攻宿州、徐州。正当进攻宿州城的忠义民兵抢先登上城头之际，怕死的南宋官军却因嫉妒其成功，反而在城下引箭射击，使得忠义民兵愤怒而溃。金军反攻，在蕲县（今安徽宿州南）将宋军围困，领军的郭倬竟然将马军统制官田俊迈捆绑交给金人，以求得自己逃命。而奉命进攻徐州的南宋勇将毕再遇在灵璧县遭遇金军，毕再遇以不足500人的骑兵，以少胜多，击退了金军5000人的追击，使南宋溃兵得以聚集。六月，韩侂胄以丘崈（1135—1208）代替邓友龙为两淮宣抚使，以叶适（1150—1223）知建康府兼沿江制置使，调集长江一线16万军马，分守江淮要地；并接受丘崈与直学士院李壁的建议，斩郭倬于镇江，贬败军之将王大节等人，又将主持北伐军机的苏师旦除名，韶州安置，将其家产充犒军费。

十月，金军兵分九路，其中4万人分4路进攻川陕方向的宋军，而仆散揆亲自率主力3万人出颍州（今安徽阜阳）、寿州，元帅完颜匡（1152—1209）以兵2万5千人出唐州、邓州，河南统军使纥石烈子仁以兵3万人出涡口（在安徽怀远东北涡水入淮处），左监军纥石烈执中（？—1213）以兵2万出清河口（在江苏清江西南）。不久金朝又征河南壮丁17万入淮，10万入荆楚，以补充前线金军兵员。十一月，丘崈任签书枢密院事，督视江、淮军马。丘崈措置庐州防务，欲坚守淮南以减轻金军对南宋长江防线的压力。是月，金纥石烈执中部自清河口渡过淮河，进围楚州，但因粮草被宋人烧去，而实力遭损。完颜匡部先后攻陷枣阳军、光化军、信阳军、随州，进围德安府（今湖北安陆）与襄阳府。仆散揆与纥石烈子仁两军分路渡过淮河南下，宋军闻风而逃，安丰军、濠州、滁州、和州、真州等相继失陷，使金兵前锋直达长江北岸，宋廷大震。金帅仆散揆是一个颇具谋略的将领，深知金朝已无灭宋的军力，故在军事进军的同时，派人秘密去见丘崈，示意讲和。极力支撑江淮危局的韩侂胄得知丘崈所报，便一方面让丘崈募人去金营议和，另一方面又屡屡命令四川的吴曦赶快出兵，以分金军兵势，不料传入他耳中的却是吴曦叛变降金的噩耗。

吴曦是抗金名将吴璘的孙子，其父吴挺也统军守川蜀十余年，因吴氏一族在川蜀有着极大的影响与社会基础，故宋廷为防变故，在吴挺死后，将吴曦召回临安供职。但吴曦通过重金贿赂当国大臣，得以回蜀，任兴州都统制，开禧北伐后任程松的副使，统兵6万屯河池，并握有调兵、节制财赋之权。是年四月，当南宋开始分道进军之际，吴曦按兵不动，并为实现其叛宋割据四川的野心，暗中派人使金，表示愿献关外阶、成、和、凤4州，以乞求金廷封他为蜀王。依靠媚事韩侂胄而得擢升的程松是个腐败无能之辈，对吴曦的活动一无所知。正与宋军激战于江淮地区的金人得知吴曦来降大为高兴，即刻答应吴曦的要求，并说：如果吴曦在宋、金交战中保持中立，闭关不出，使金军南下争锋而无后顾之忧，即将"全蜀之地"付吴曦所有；如果吴曦能顺流东下,与金军互为犄角,灭亡南宋,那就将吴曦所攻占之处尽付其统治。当时,川陕义军已袭取了和尚原,宋将李好义(？—1207)在七方关击退了金军,但吴曦得知金廷同意其投降的消息后,迫令其部将王喜等撤兵,使金军很快占领了关外四州。十二月,金封吴曦为蜀王,吴曦接受了金朝诏书、金印。程松得知吴曦降金,吓得不知所措,连夜弃军而逃,直至逃出三峡后,才西向挥泪道:"我今天才得以保全头颅了！"可谓脓包之极。

1207年(宋开禧三年,金泰和七年)正月,吴曦在兴州正式称蜀王,称臣于金,割地划疆,以随军转运使安丙(？—1221)为丞相长史。吴曦控制了四川各支军队,拥兵10万,宣言将顺嘉陵江而入长江,与金军合攻襄阳府。吴曦降金之最主要原因,是其欲于宋朝与金交战之际实现其割据称王的野心,但宋朝推行抑制武将的国策造成武将离心为其中一大原因。金章宗赐吴曦之诏中说:"卿家专制蜀汉,积有岁年,猜嫌既萌,进退维谷。且卿自视翼赞之功孰与岳飞？岳飞之威名战功暴于南北,一朝见忌,遂被诛夷之惨,可不畏哉！"可见一斑。吴曦叛宋极不得人心,除极少数亲信外,许多官员都纷纷弃官而去,连吴曦的旧部以及吴氏家族中许多人都表示激烈的反对。二月,兴州合江仓官杨巨源(？—

1207)、兴州中军正将李好义等人，联络吴曦部将张林、朱邦宁等，并得到安丙的支持，合谋起事杀死吴曦。三十日清晨，李好义等率义士74人冲入吴曦的"宫殿"，杀死吴曦，杨巨源手持伪造的诏书随即赶到，准备反抗的吴曦卫兵千余人听说有诛吴曦诏书，便纷纷逃散。杨巨源又收吴曦死党诛之，让安丙权四川宣抚使。吴曦称王割据，仅41天就失败了，四川军民闻讯奔走相告，"欢声动天地"。

韩侂胄因东线丘崈主和，西线吴曦叛变，而陷入孤立境地。此时丘崈给南宋君臣传来了金人的和议条件：称臣、割地与献"首祸之臣（指韩侂胄）"。韩侂胄由此大怒，罢去丘崈，命知枢密院事张岩督视江淮军马，转而采取转守为攻的战略。此时吴曦被诛消息传至临安，而金军统帅仆散揆病死于军前，形势对南宋来说稍有好转，但韩侂胄已无意北伐，并迫于朝中要求与金和议的压力，而派使臣前往金营谈判。

此时，金军进攻长江北岸要地六合（今属江苏），因毕再遇率部顽强抵抗，难以得手，兵员、物资损失严重，而叶适构建的长江防线相当稳固，使金兵难以窥隙，只得撤兵。此后金军在淮南又与毕再遇交战数次，均未取胜，金军勇将抹然史扢搭又战死于和州。而中路金军兵围襄阳，但在宋知襄阳府赵淳率军民顽强抵抗下，无法取胜，且士兵因气候、水土等原因大量生病，只得退军。在西线，吴曦被杀出乎金人意料，使宋军乘机攻占了关外四州，南宋川陕形势趋于稳定。因此，接任仆散揆职务的金左丞相完颜宗浩下令退出江淮，撤去对南宋楚州的围困，宋金间进入相持阶段。

但宋廷内形势对韩侂胄日益不利，当初宋宁宗立杨妃为皇后时，韩侂胄曾持异议，故杨皇后对韩侂胄深怀仇恨，伺机报复。韩侂胄为对付政敌而以"党禁"整肃道学家，使其在士大夫中口碑不佳。而对金作战遭受挫折，使反对者找到了攻击韩侂胄的口实。金人对此了解得甚为清楚，为孤立与打击主张抗金的韩侂胄，故意拒绝与韩侂胄谈判。五六月间，主和的安丙先阴谋毒死李好义，后又以谋叛罪将在前线作战的杨巨源逮捕下狱处死，将士闻之丧气，扼腕流涕，使南宋西线抗金力量遭到摧残。而金人闻知后，对宋态度趋于强硬。八月，宋使从金朝带回金人议和的条件：割让两淮，增岁币5万两，付犒军银1000万两，归还归正人，斩"元谋奸人"并函首以献。韩侂胄虽然战和两端，但如此条件自然无法接受，便筹划再战，以赵淳代替上任9个月却毫无作为的张岩出任江淮制置使。十月，韩侂胄又请天子下罪己诏以鼓舞士气。但执意屈膝乞和的朝中大臣，已积极准备给予韩侂胄以最后一击了。

十一月，吏部侍郎史弥远（1164—1233）上奏天子说："自兵兴以来，蜀、汉、淮之民死于兵戈者不可胜数，公私财力大屈，而韩侂胄意犹未已，中外忧惧。"暗示天子应对韩侂胄采取断然措施，但宋宁宗未与表态。杨皇后得知，随即让皇子荣王赵曮上奏韩侂胄"再启兵端，将不利于社稷"，请求诛杀韩侂胄。杨皇后也从旁帮腔，但宋宁宗不同意。于是皇后、荣王与史弥远、杨次山（杨皇后之兄）等密谋，并争取参知政事钱象祖、李壁的支持，指使主管殿前司公事夏震带兵300人，在韩侂胄上朝途中，将他劫持至玉津园侧杀死。宋宁宗听到钱象祖、史弥远的报告，还是不相信，3天后，天子依然认为韩侂胄未死。但在杨皇后、史弥远的操纵下，陈自强被罢去宰相，苏师旦被斩于贬所，支持韩侂胄北伐的官员皆遭贬斥，连李壁也因曾起草开禧北伐诏书而贬官三秩。而荣王被立为皇太子，钱象祖擢任右丞相，杨次山加开府仪同三司，史弥远拜知枢密院事，不久升拜宰相，执掌朝政，开始了其为时达26年之久的专制时期。次年三月，史弥远恢复秦桧的王爵赠官谥号，向金朝明确表示了乞和的信号。随即史弥远又在金人的要挟下，无耻地割下韩侂胄、苏师旦的首级，交给金廷，以换取金人同意放弃新占领的南宋陕西、淮南之地。六月，韩、苏两人首级送至金都城，金章宗立在应天门，准备好黄麾立仗受之，百官上表章祝贺。金章宗随即命令金军罢兵。九月，南宋与金朝正式签订了又一屈辱的和约，史称"嘉定和议"。其主要内容为：依照北宋末靖康时故事，金、宋"世为伯侄之国"；增岁币至银绢各30万两，另给犒军银300万两；疆界维持绍兴年间之状况。

"嘉定和议"是宋、金双方力量达到均衡状态下的产物，当时金人"力已困"，急于与宋议和，而史弥远通过政变执掌了南宋朝政，更是一味屈辱求和，以稳固其权位，使得国力、军力同步下降的南北政权还是由此维系着南北相持局面。韩侂胄北伐失败，除南北力量正处于均势之中，宋军腐败、战斗力极差等客观条件外，韩侂胄用人不当、冒险轻敌也是一主要原因。但韩侂胄主张抗金收复中原，却是南宋军民始终一致的呼声，据周密《齐东野语》记载，金人对此也曾公允地表示：韩侂胄是"忠于为国，缪于为身"。因此《宋史》等文献对韩侂胄大加攻讦、极力丑化，编入《奸臣传》是有失公正的。

蒙古崛起后的中原形势

"嘉定和议"后,史弥远借口减轻军费开支,大规模遣散原先为北伐而招募的新兵和民兵。这些被遣散的士兵因"欲归则无家,欲留则无食"而群起起义,反抗南宋统治,南宋政府历时数年才镇压下去。同时,史弥远为收买人心,便为曾遭韩侂胄贬谪打击的赵汝愚、朱熹等人恢复名誉,生者召回朝廷,死者"或褒赠易名,或录用其后",号称"更化",使一度受到压制的道学重又得势,初步确立了程朱理学思想在南宋的统治地位。通过"更化",主张对金妥协投降的言论在宋廷内大得市场,而史弥远为巩固自己的权位,大肆排挤与自己政见不合的官员,擢任亲信,并联结杨皇后,擅制朝政,使得吏治更为混乱,国力日趋衰败。

同样国力衰弊的金朝,深知南宋宁宗怠于政事,宋兵虚弱,两淮战火后千里萧条,而以史弥远为首的南宋大臣胸无大志,只知自己争权夺利,故将注意力放到了北方,而发生在北方的事情确实令金廷更感棘手。

12世纪末，蒙古乞颜部长铁木真在接受金朝的封号后，也像北方其他部落一样，在向金朝朝贡的同时，借助金朝所赐的封号之影响，先后征服了蔑儿乞、鞑靼、克烈等部，克烈部长之子亦剌哈桑昆逃入西夏。1205年，铁木真消灭了强大的乃蛮部，乃蛮部太阳汗之子屈出律西逃入西辽国，后来篡夺了西辽皇位。铁木真统一了蒙古高原上的蒙古各部后，统军向西夏进军，追击亦剌哈桑昆。四月，蒙古军在西夏境内大掠人口、牲畜后北撤。此时西夏国力因内乱不断而由盛而衰，西夏桓宗因蒙古军退，度过一次危机，遂改都城兴庆府为中兴府，以示庆贺。1206年十二月，在宋朝进行"开禧北伐"，宋、金在中原激战之时，铁木真在漠北斡难河源之地建立了蒙古汗国，铁木真被推尊为成吉思汗。

新兴的蒙古汗国极富扩张性。因金朝统治蒙古各部时期，对其进行残酷的掠夺和杀戮，所以蒙古人对金朝深怀仇恨。成吉思汗认为金朝国力还是较为强大，所以先进攻金的盟国西夏，以削弱金的力量。1207年秋，蒙古攻入西夏，掳掠5个月后退兵。此时金军因宋、金停战而北归，由于赏赐不均，大批士兵北降蒙古，增强了蒙古的势力。

1208年（宋嘉定元年，金泰和八年）十一月，金章宗病死,金世宗第七子完颜永济(?—1213)继位,是为卫绍王。卫绍王在继位前,曾在静州接受蒙古贡物时与成吉思汗见过面,卫绍王的庸懦无能深为成吉思汗所不屑。卫绍王登极后,按惯例传诏蒙古,成吉思汗得知是卫绍王继位,轻蔑地表示:"我谓中原皇帝是天上人做,此等庸懦亦为之耶?"拒不奉诏。卫绍王大怒,打算乘成吉思汗入贡时杀害他,不料为蒙古侦知,成吉思汗借机与金朝绝交,在西域的畏吾儿国(即唐、北宋时期的高昌国)归降后,亲统大军于1209年(宋嘉定二年,金大安元年)三月杀入夏境。西夏军连战连败,统帅大都督府令公高逸、嵬名令公被俘,都城中兴府被围。九月间,连日暴雨,河水猛涨,蒙古军引河水攻城,城中居民淹死无数。西夏襄宗(1169—1211)向金朝求援兵,不料卫绍王幸灾乐祸道:"敌人相攻,是我国之福",拒不出兵,从而引起西夏不满,金、夏关系开始破裂。夏襄宗眼见城防将破,只得献公主给成吉思汗求和,蒙古退兵。至此,成吉思汗才聚集大军,发动第一次大规模侵金战争。

1211年(宋嘉定四年,金大安三年)二月,卫绍王一面派人去蒙古求和,一面命平章政事独吉思忠巡行边地,指挥抵御。七月,金人刚修好乌沙堡,即为蒙古军前锋将者别所攻陷,金军溃退。八月,卫绍王以参知政事完颜承裕代独吉思忠主持军事。时金兵号称40万，据守着野狐岭天险，但完颜承裕胆怯平庸，指挥失当，使金军一接战便大败。完颜承裕逃到金朝北边重镇宣德州宣平县（今河北宣化），在浍河堡（今河北张家口南）被蒙古军追上，两军展开决战，激战3天后，成吉思汗选精骑3000人突入金阵，里外合击，金军惨败，主力全部被消灭，完颜承裕逃往宣德州。九月，蒙古军攻陷德兴府（在河北涿鹿西南），突破居庸关，进围金中都。另一路蒙古军也在汪古部的帮助下，突破金防线，相继攻破云内（今内蒙古土默特左旗西北）、东胜（今内蒙古托克托县）、武（今山西神池北）、朔（今属山西）诸州，金西京留守纥石烈执中弃城逃回中都。此时靠政变即位的西夏神宗（1162—1226）因为对金人拒不出兵援助不满，故变附金抗蒙为附蒙攻金，也派兵万人进攻金东胜城，并乘机侵入金陕西州府。

居庸关失守，金廷大恐，卫绍王接受主战派死守的建议，利用坚固的城池与屯驻的重兵顽强抗击蒙古军的进攻。蒙古军围攻中都2个月，屡攻不下，只得于次年初解围北撤，金中都暂得保全。尚书右丞相完颜镒向卫绍王建议派大臣镇抚辽东，以免被蒙古所攻占，但为卫绍王所拒绝。果然蒙古军从中都退兵后，即遣大将者别率军攻打辽东，攻破金东京，大掠而去。契丹人耶律留哥（1165—1220）自立为王，归降蒙古。此后蒙古军又连年攻金，绕过金重兵把守的中都，在黄河以北河北、山东地区大肆屠杀掳掠而去。

在蒙古军的不断进攻下，金朝内部矛盾激化。1213年（宋嘉定六年，金贞祐元年）八月，金右副元帅纥石烈执中发动政变，杀死卫绍王与左丞相完颜纲，自称监国都元帅，迎立金世宗孙完颜珣（1163—1224）继位，是为金宣宗。十月，从镇州调守中都的术虎高琪（？—1220）率部下杀死纥石烈执中。金宣宗赦术虎高琪，任为左副元帅，进平章政事。金宣宗继位后，立即遣使向成吉思汗求和。次年三月，成吉思汗再次会大军于金中都城北，金宣宗命都元帅兼平章政事完颜承晖（？—1215）去蒙古军中议和。成吉思汗此时并无消灭金朝、在中原建立统治的打算，其南侵只是为了掳掠奴隶与财物，故而拒绝部下进攻中都的建策，答应了金朝的求和。经过一番谈判，金宣宗完全接受了蒙古的许和条件：献纳童男女各500人，绣衣3000件，御马3000匹与大批金银珠宝，并将卫绍王之女岐国公主献给成吉思汗。于是成吉思汗径直北上，带着在山东、两河地区掳掠的大批金帛、牛马牲畜与数十万少壮人口，出居庸关，得胜回军。金朝虽度过了又一次危机，但经此打击，国力彻底地衰落了。

蒙古兵退去后，金廷上下就继续抵抗还是逃跑展开了激烈的争论。元帅左都监完颜弼(？—1217)认为中都已在蒙古威胁之下，应放弃中都而南迁汴京，说汴京南有淮河，北有黄河阻隔，西据潼关要地，可以固守。但大臣们纷纷上书反对，指出："有中都则有河北、河南，无中都，河北不可保，河南岂能独立乎？"并认为河南地狭土瘠，万一宋、西夏夹击，连河北之地也将失去。但金宣宗为躲避蒙古军的压力，执意迁都。五月十一日，金宣宗下诏南迁，任命完颜承晖为右丞相兼都元帅，抹燃尽忠(？—1215)为左副元帅，与太子完颜守忠(？—1215)一起留守中都。十八日，金宣宗离开中都，南逃汴京。金宣宗迁都汴京，标志着金王朝已无可挽回地走向了死亡之途。

果然，金宣宗刚离开中都，驻扎在中都以南涿州(今属河北)一带以契丹军为主的乣军便杀死女真人主帅，起兵反金降蒙，进攻中都。而成吉思汗得知金宣宗迁都汴京，乣军来降，即于七月初命令石抹明安等人率领蒙古军南下会合。成吉思汗并接受石抹明安的建议，变屠掠为招降，使蒙古军所到之处，金军纷纷迎降，金中都四周州县大多失守。金宣宗、术虎高琪眼见蒙古军再围中都，便不顾群臣反对，把留守中都的太子守忠召回汴京。太子离开中都，表示朝廷已无意坚守中都，而大失人心。1215年（宋嘉定八年，金贞祐三年）正月，金右副元帅蒲察七斤以通州（今北京通县）降蒙，蒙古军完成了对中都的包围。完颜承晖向金宣宗求救，金宣宗也认为"中都重地，庙社在焉"，便命左监军永锡、左都监乌古论庆等人率诸州兵北上。但此时河北大地因屡遭蒙军蹂躏，经济残破，而金朝赖以起家的猛安谋克已有名无实，俱无斗志，战斗力极差，几近崩溃，故而这援军才至涿州，遇到蒙古兵，一战即溃。御史中丞李英收编河北"义军"3万人北上，也在霸州（今属河北）被蒙古军击溃，李英战死。此后独揽军政的术虎高琪忌恨完颜承晖，不再发兵救援，中都危在旦夕。而金朝在辽东的将领或叛金自立，或投降蒙古，辽东、辽西与金北京、兴中府等重镇相继失陷，使蒙古军得以全力围攻金中都。五月初，抹燃尽忠弃城逃跑，来到汴京，金宣宗释其罪不问；完颜承晖服毒自杀殉国。蒙古军随即进入中都城。金朝自海陵王完颜亮迁都中都以来，中都一直为金朝都城，就如同北宋时宋徽宗失去了燕京这一重要屏障后随即被金军所灭一样，金中都至此失陷，也昭示着正在汴京的金朝即将被汹涌的蒙古铁骑所淹没。

失去了燕京的金宣宗君臣日子过得日益艰难，陷入四面楚歌的境地。北边，蒙古攻占金中都后，以中都为据点，发兵南掠河北、河东和山东等地。次年二月，成吉思汗另派三木合拔都率军经由西夏进攻关陕，企图对金朝新都城汴京作一番试探性的攻击。八月，蒙古军会合西夏兵进攻金延安等城。十月，蒙古军穿过潼关，由小路自嵩山直趋汴京，因金人有备而退兵。西边，西夏神宗想重现当年金朝初起时西夏附金扩土的经历，而附蒙侵金，不断出兵配合蒙古军攻击金陕西州县。东边，山东地区百姓在南宋开禧北伐时，便纷纷起义反金，少者数万人，多者十数万。他们身穿红袄作为标志，故被称作"红袄军"。其中益都县人杨安儿势力最大，称王置官，转战山东登州、莱阳等地，连一些女真贵族的家奴也投奔杨安儿军。南边，南宋因金朝在蒙古的进攻下溃不成军，对金的态度也发生了很大的改变。

在成吉思汗攻击金中都时，曾派人南渡淮河远至南宋边州濠州（今安徽凤阳东北），与南宋联络夹攻金朝，但南宋守军以"本州不奉朝旨不敢受"为由，将其遣送北回。至此金宣宗放弃中都南迁的消息传来，宋廷对此议论纷纷，对于如何处理与金关系出现了两种不同的意见。起居舍人真德秀（1178—1235）认为"国家之于金虏，为万世必报之仇"，故主张"当乘虏之将亡，亟图自立之策；不可以虏之未亡，姑为自安之计"，建议罢停岁币，修筑两淮防线，招募壮士，修缮器械，整顿战备。但淮西转运判官乔行简（1156—1241）对此大加反对，他指出金朝虽是宋朝的宿敌，但因蒙古的崛起，而成为南宋防止蒙古南侵的屏障。他以唇亡齿寒为喻，主张照旧给金岁币，使其有抵御蒙古的力量。两说各有一定道理，但因金朝衰败已极，在强大的蒙古军进攻下，其灭亡只是时间问题，其屏蔽作用自难长久，故馈送物资，颇有徒劳之嫌。而真德秀的意见无疑是一个较为积极的策略，欲借金朝危难之机废除金朝加给南宋身上的屈辱条约，但对于金朝一旦灭亡后，宋朝将如何直接面对蒙古铁骑之威胁以自守保国的问题并未过多考虑，故而留下极大的隐患。宋廷上下对此议论不决，但给金的岁币也暂时停止了。

金朝在蒙古的不断进攻下，其在长城以北土地均为蒙古所占领，对黄河以北的河北、河东的统治陷于土崩瓦解之中，关陕也激战不息，各地流亡者齐集河南弹丸之地，加上南宋断绝岁币，连衣食都出现了严重短缺。金廷内经过激烈的争论，金宣宗接受了南侵弱宋以扩大疆土，弥补被蒙古侵占去的地域，并掠夺江淮财赋，以迫使南宋恢复岁币，来摆脱危机的意见，于1217年（宋嘉定十年，金兴定元年）四月，以宋人不再纳岁币为由，从抗蒙、抗西夏前线调回金军主力，渡淮南侵，另外遣军进攻川陕边境上的大散关。宋京湖制置使赵方早已估计到金人可能南侵，已在险要处构建了工事，至此命部将分3阵设伏迎敌，待金兵进犯，扈再兴当正面，陈祥、孟宗政率左右两翼夹击，金兵大败。扈再兴等乘胜进抵枣阳（今属湖北），击溃围困枣阳的金兵。进攻光化军（今湖北老河口市西北）、随州的金军也被宋将击退。五月，金兵无奈退去。六月，宋宁宗待前线捷报传来，才下诏伐金。随后，宋军又在淮东顶住了金人的进攻。

八月，成吉思汗为集中蒙古军主力西进攻击蔑儿乞与乃蛮等残部，进而攻打西辽与西夏，而将南侵金朝的战事交给了大将木华黎。于是金与蒙古间的战事稍为缓和。

此时西夏因蒙古人屡次征召出兵攻金，遭受了很大的人员伤亡与财物损失，而感到不堪负担。是年秋，成吉思汗为西击中亚的花剌子模，再次向西夏征兵，为西夏所拒绝。于是蒙古发兵攻打西夏，十二月间围攻中兴府，西夏神宗不敢抵抗，留太子留守，自己惊恐出奔西凉府（今甘肃武威），待次年初蒙古退兵后才返回。1218年（宋嘉定十一年，金兴定二年）三月，西夏改变策略，请求与金谈和，但为金宣宗所拒绝。联金抗蒙不成，西夏神宗便联络南宋共击金朝，牵制了金朝很大一部分兵力。而在燕、云地区的木华黎采纳金制建立行省，发兵攻掠燕京以南地区，占领了河北中山府、赵州、大名府等重镇。面对河北的惨败，金朝更渴望从南宋那里寻求弥补，再次发重兵围攻枣阳，在宋军全力抵抗下，失败而退。南宋为粉碎金人南侵企图，积极招抚山东地区的抗金义军，以给金朝统治更大压力。

此前，山东义军首领杨安儿在金兵的全力围剿下被杀，余部被杨安儿之妹杨妙真所收集，与潍州义军李全（？—1231，绰号李铁枪）会合。杨妙真号四娘子，勇悍善骑射，此时与李全结为夫妇，合力抗击金军。是年，李全率部归附宋朝，被授予京东路总管的官衔。得到了宋朝的支持，李全率军攻破了金密州（今山东诸城）、寿光县（今属山东）等地。其他义军夏全、时青等部也由此纷纷投宋反金，给金朝以极大的威胁。

是年秋，木华黎率步骑数万人进攻河东，围攻太原，先后攻占了河东重镇太原府、平阳府（今山西临汾）等，使金朝京畿河南与汴京直接暴露在蒙古军的威胁之下。此时金廷由右丞相术虎高琪总揽朝政，尚书左丞高汝砺掌管财利。两人勾结唱和，排斥异己，擅作威福，并为固宠擅权，独掌兵权，便把精兵聚集在河南，而力劝金宣宗伐宋，而置河北于不顾。但累年侵宋不得成功，使术虎高琪在女真贵族中更为孤立，而大权旁落的金宣宗也早已盘算除掉术虎高琪。1219

年(宋嘉定十二年，金兴定三年)十一月，金宣宗找到一个借口捕杀了术虎高琪，掌握了朝政。

金宣宗虽然畏蒙古如虎，却也知河北、河东失守后，河南一地难以独存。面对太原失守，翰林学士承旨徒单镐等官员认为："制兵有三策，一战、二和、三守。今欲战而兵不足，欲和而敌不从，只有守。两河州郡残破，不能一概都守，宜将愿迁徙者屯于河南、陕西，不愿迁许其自推首领，保聚险阻。"宣徽使移剌光祖等更明确提出："当募当地土豪有威望者，给以一方之权，能收复一道，即授本道总管，能捍卫州郡，就授州郡长官，使他们各保一方，使百姓复业。"金宣宗接受了他的建议，招纳各地豪强武装去收复或保聚河北州郡。1220年(宋嘉定十三年，金兴定四年)二月，金宣宗封建河北、河东、山东9位地方豪强武装首领为公爵，各置公府：以沧州经略使王福为沧海公，河间路招讨使移剌众家奴为河间公，真定经略使武仙(？—1234)为恒山公，中都东路经略使张甫为高阳公，中都西路经略使靖安民为易水公，辽州从宜郭文振为晋阳公，平阳招抚使胡天作为平阳公，昭义军节度使完颜开为上党公，山东安抚副使燕宁为东莒公。九公各有封疆，统帅本路兵马，置署官吏，征收赋税，独专号令，如能收复所管地区外的邻近州县，亦听其管属。金廷企图用封疆与赏官之法招募豪强武装守土，以维护其摇摇欲坠的统治，但"九公封疆"，标志着金朝中央集权制的瓦解，地方割据势力的正式形成。但各地方武装间，因权力分散，缺乏统一的指挥与行动，加上藩镇割据的劣根性，使得各公之间不断为扩大领土而互相争夺，或死于互相残杀，或抗蒙兵败而被杀，或兵败后降蒙，终究都归于失败。如财最富、兵最强的恒山公武仙，于此年八月便兵败降蒙，出任蒙古河北西路兵马副元帅。

深处困境的金宣宗派人南渡淮河与宋朝联络，试探与宋议和，但被宋朝所拒绝。于是金宣宗便孤注一掷，再议南侵。1221年（宋嘉定十四年，金兴定五年）二月，金左副元帅仆散安贞（？—1221）率军围攻光州（今河南潢川）、黄州（今湖北黄冈），俘获南宋将士皆释放不杀，而用作向导，于四月攻下蕲州（今湖北蕲春），将所掳掠的宋宗室及官员70余人，献于汴京。仆散安贞的祖、父世为大将，自己娶邢国长公主，率军治民，多有可观，是当时金国的得力将领，从而引起金宣宗的忌疑。六月，尚书省诬奏仆散安贞谋反，金宣宗对英王完颜守纯（？—1233）说道："朕观此奏，多饰词不实，其令复按之。"示意守纯锻炼成罪状。不久，金宣宗下诏指责仆散安贞"前日之俘，随时诛戮，独于宋族，曲活全门，示其悖德于敌仇，豫冀全身而纳用"，以构成他的死罪，仆散安贞的两个儿子同时被诛。仆散安贞被杀，反映了女真贵族在亡国之际，内部矛盾日趋尖锐激化，相互间倾轧诛杀日烈，因此使其统治更为削弱，士心日趋涣散。

是年十一月，蒙古军在木华黎指挥下由云中攻向陕西，攻破了金朝与西夏接壤的冲要葭州（今陕西佳县），会合西夏兵进攻金朝陕西重镇延安府。金知府完颜合达（？—1232）出兵拒战，夜袭西夏兵营，西夏兵大败，金军追杀40里。木华黎在延安城外30里扎营，佯败诱引金军，设伏夹击，金军大败而还，固守延安。蒙古军攻延安不下，就南下掳掠，攻破鄜州（今陕西富县）、隰州（今山西隰县），再回军河东，于次年八月又一次攻陷太原城，金同知太原府赵益自杀殉职。蒙古铁骑随即又攻破金柷州青龙堡和金胜堡，金地方武装花帽军5000人被木华黎招降。十二月，蒙古军攻占了金河东重镇河中府（今山西永济蒲州镇），木华黎任命石天应为权河东南北路陕右关西行台，驻守河中。1223年（宋嘉定十六年，金元光二年）正月，金权元帅右都监侯小叔（？—1223）乘蒙古大军西去，城中守备空虚之机，集合山寨民兵十万反攻，夜半登城，四面举火，蒙古兵大乱，石天应战死。自木华黎侵金以来，金朝叛将石天应一直是其重要部将，故木华黎遭此惨败，即刻发骑兵10万，再围河中府。因金援军畏敌不前，河中府孤城不支，又被蒙古军队攻破，侯小叔战死。

与此同时，木华黎亲率大军进攻陕西京兆府（今陕西西安），被金将完颜合达所拒。木华黎转攻凤翔（今属陕西），但在金人的顽强抵抗下，围攻月余也未得手。木华黎不禁叹息道："吾奉命专征，不数年，取辽西、辽东、山东、河北，不劳余力。前攻天平、延安，今攻凤翔皆不能攻下，岂是吾命将尽耶？"不久，蒙古军退兵。三月，木华黎病死军中。金宣宗乘蒙古军退之机，任命完颜嘉行率领陕西精兵收复河东，收复了霍州（今属山西）、河中府等地，使抗蒙战争暂时出现了一丝转机。

木华黎在进攻凤翔时，曾让西夏神宗发兵10万配合，但西夏兵眼见蒙古军不能取胜，便不告蒙古而先行逃回，迫使木华黎无功而还。木华黎死后，成吉思汗命木华黎之子孛鲁继统两河蒙古军，经营对金、西夏的战事。于是孛鲁发军侵入西夏，大肆掳掠。西夏神宗虽仍欲联蒙侵金，但遭到自太子以下百官的一致反对，不得不于是年十二月宣告退位，传帝位给太子德旺（西夏献宗，1181—1226），自称"上帝"。西夏献宗继位后，即改变国策，抗击蒙古。

西夏神宗退位的同月，金宣宗病死，太子完颜守绪（1198—1234）继位，是为金哀宗。金哀宗鉴于金朝濒临亡国，便采取措施，任用抗蒙有功将帅，诛贬奸佞之臣，使朝政为之一振。由于金宣宗利用地方武装在北方抗蒙，而将金军主力南侵南宋，以图"扩地"，但在南宋军民的坚决抵抗下，战事连年不断，反使金朝遭到腹背受敌的危局；金哀宗为此改变战略，迅速停止侵宋战争，与宋通好，以集中兵力抗蒙救亡。十分巧合的是，是年秋天，江南的宋宁宗也赢病而死，新天子继位，由此在朝廷内展开了一场新的权力纷争，因而也就无意北上与日益衰微的金朝争锋。金朝因此得以暂时避免腹背受敌的危局，加上蒙古军主力西征，与金哀宗决心抗蒙自救，使中原形势一时大为缓和。

宋、蒙联合灭金

此时天下大势，宛如北宋末年的翻版。金朝与蒙古之关系，如同辽亡时与金的关系，而其屈膝求和、连续南逃，又一如北宋之与金朝。同时金朝君臣还一直视南宋如附庸，看不起南宋；南宋虽向金贡纳岁币，但又视金为仇敌，欲收复中原失地的念头始终没有消失。随着宋廷内部权力之争稍平，便又如北宋徽宗联金灭辽之事相似，与蒙古结盟以图灭金。

宋宁宗在位长达30年，但因其健康甚差，《四朝闻见录》曾说他所到之处，必有两个小太监拿着两条屏作前导，一书"少饮酒，怕吐"，另一书"少食生冷，怕痛"，可见其体质之羸弱。因此，宋宁宗平日只是深居宫中，使朝政渐入杨皇后与史弥远之手。同时，宋宁宗又因体质原因而无子嗣，故立宋太祖十世孙赵询为太子。1220年，赵询病死。史弥远见宋宁宗老病日甚，为能在宋宁宗之后继续擅权，便以为沂王赵抦置后嗣的名义，派其家庭教师余天锡秘密物色宗室中可与继立的人选。余天锡在绍兴府西门的全保长家，看见两个小孩相貌甚为清奇，称是宋太祖的后代，便送入史弥远的家中。史弥远对他俩考察一番后，看中了大的名叫赵与莒（1205—1264）者，但为怕泄露机密，随即把他俩送回绍兴家中。过了一年，史弥远悄悄地将已17岁的赵与莒接到临安府，由余天锡的母亲照料其生活起居，又派人教他学习宫中礼仪。史弥远建议宋宁宗立赵与莒为皇子，但未为天子所接受。1221年六月，宋宁宗立宋太祖之十世孙赵贵和（？—1225，魏王赵恺之子，沂王赵抦之养子）为皇子，改名赵竑，封祁国公，有进而立赵竑为皇储的打算。但为不给史弥远难堪，也授赵与莒秉义郎，赐名贵诚，立为赵抦之后。1222年五月，宋宁宗进封赵竑为济国公，赵贵诚为邵州防御使。

赵竑对当时杨皇后、史弥远相互勾结、狼狈为奸、操纵朝政的行为十分不满。史弥远对此耳有所闻，就针对赵竑心喜弹琴的爱好，收买了一名善弹琴的美女，置于赵竑身边，以窥探他的动静。有一天，赵竑在几案上书写"史弥远当决配八千里"，又指着地图上海南岛的琼州、崖州（宋代流放大臣之地）说道："吾他日得志，置史弥远于此"。又有一天，赵竑呼史弥远为"新恩"，意指将流放他到新州（今广东新兴）或恩州（今广东阳江）。当时皇子教授真德秀谏劝赵竑要对皇后尽孝道，对大臣有礼，以远灾避祸，但赵竑并未听从。史弥远得密报后大为惊恐，加紧了废立活动。

史弥远便与国子学录郑清之（1176—1251）密谋，让郑清之作赵贵诚的老师，以培养赵贵诚的帝王素养，提高赵贵诚的声誉，又威胁利诱并施道："事成，弥远之座即君之座，若一语泄者，吾与君皆族灭。"郑清之对此心领神会，竭力教导赵贵诚作文，学习儒经以及宋高宗"御书"。史弥远于是时常在天子面前大肆数说赵竑的过失，希望天子能废赵竑而立赵贵诚，但还是未得宋宁宗的理会。史弥远一计未成又生一计，挑拨赵竑与杨皇后之间的关系，使杨皇后对赵竑心生不满，而阴怀"废储之意"。真德秀眼见处境危殆，而赵竑刚愎自用，不听劝告，便辞职而去。临行前，真德秀再次劝说赵竑改弦更张，赵竑还是置若罔闻。

1224年（宋嘉定十七年，金正大元年）八月，史弥远又向病重的宋宁宗提议增立赵贵诚为皇子，再次为天子所拒绝。是月底，宋宁宗病危，史弥远乘机矫诏立赵贵诚为皇子，改名昀，授武泰军节度使，封成国公，为赵昀最后继位铺平了道路。闰八月初，宋宁宗病死，史弥远立即让杨皇后的两个侄子进宫，将立赵昀之事告诉皇后。杨皇后虽对赵竑无好感，但因担心擅自废立会引起群臣不满，酿成事变，一时不敢答应，然而在两侄子再三请求并以"内外军民皆已归心，苟不立之，祸变必生，则杨氏无噍类矣"相威胁下，权衡利弊，才点头同意。于是史弥远立即派人将赵昀接至宫中，在宋宁宗灵柩前举哀尽礼，以确定其皇位继承人的身份；然后召赵竑入宫，命主管殿前司公事夏震看管。百官随后入殿，"立班听遗制"，而引赵竑入"旧班"，赵竑大为不解，夏震便骗他说，等"宣制后乃即位"，赵竑不疑，却见殿上烛影下有人入御座，却是赵昀已即位了，是为宋理宗。百官拜贺新天子，赵竑不肯拜，被夏震强按下了头。

宋理宗虽已20岁，但因其出身低微，且仓促继位，为稳固统治计，史弥远便让杨皇后称皇太后，垂帘同听政，并进用傅伯成、真德秀、魏了翁（1178—1237）等老儒与理学名臣，以装点门面。赵竑被封为济阳郡王，判宁国府。不久，宋理宗封赵竑为济王，出居湖州（今属浙江）。

史弥远的擅自废立，很不得人心，但百官慑于史弥远的淫威，加上宋理宗在上，一时不能置一辞。但百姓们对此义愤填膺，在湖州爆发了一场部分军民起兵为赵竑夺回皇位的事变，史称"湖州之变"。当时湖州人潘壬、潘丙兄弟组织太湖渔民与巡尉士兵，秘密与山东的李全联络，欲起兵废宋理宗而立赵竑为帝。1225年（宋宝庆元年，金正大二年）正月，潘壬等因过了约定之时而李全未遣兵至，怕事泄治罪，便聚集其党及盐贩千余人，装扮成李全的部队，扬言自山东而来，乘夜进城，要拥立赵竑。赵竑闻事变，藏匿于下水道中，被潘壬寻到，拥至州衙，披上黄袍。赵竑不肯，潘壬等强迫他接受。随后潘壬等打开军资库，拿出钱财犒军，并命知州谢周卿率官属入贺。潘壬还以李全名义张榜于城门，历数史弥远废立之罪，宣称"今领精兵二十万，水陆并进"。湖州百姓信以外真，奔走相告。等到天亮，人们才知参与事变的仅是太湖渔民与少数士兵，大为失望。而赵竑也知事情难成，便一面派人到临安府告变，一面组织州兵平定事变。等到史弥远派兵前来，赵竑已平定了事变，潘氏兄弟先后遭捕杀。史弥远早就想除掉赵竑，以绝后患，至此便谎称赵竑有病，命其门客秦天锡前往湖州，逼迫赵竑自杀。不久，宋理宗下诏贬赵竑为巴陵郡公，又降为县公，并改湖州为安吉州。

赵竑被杀，解除了对宋理宗皇位的威胁，也消除了史弥远的一大心腹之患。宋理宗深知史弥远扶持其登上皇位，只是为了便于操纵朝政，因而对史弥远的赫赫权势十分害怕，将朝政完全交给史弥远，甘心做一个傀儡。当年四月，杨太后不再垂帘听政，史弥远由此独掌朝政，威福自用。但以真德秀、魏了翁为代表的朝中名士，纷纷上书为赵竑鸣冤。于是史弥远起用以攻击真德秀为己任的、被时人称作"三凶"的梁成大、李知孝与莫泽等为台谏官，不遗余力地弹劾持异论者，用高压措施来钳制世人之口，使真德秀诸人皆被贬逐。梁成大等人因此而升官晋爵。

在史弥远的把持下，宋廷吏治更坏，日趋腐朽，贿赂公行，百官得过且过，苟延残喘，不思从垂亡的金朝手中夺回一寸土地。而北方的蒙古军却在加紧进攻西夏与金朝，取得了很大的胜利。

因西夏献宗继位后，改变联蒙侵金国策，故蒙古军于1224年九月攻破银州（今陕西榆林南），西夏兵数万人战死，生口、牛羊被掳数十万。西夏经此打击，便决计变侵金为联金，遣使与金朝议和。次年九月，金与西夏达成和议：双方为兄弟之国，各用本国年号，双方互相支援。金廷通过与西夏议和，停止侵宋战争，并设法促使降蒙古的武仙复归降于金，使兵力得以尽量集中，而在收复河东失地的战斗中取胜，攻占了绛州（今山西晋安）、平阳府、太原府等城镇，蒙古丧失守将多人。但因金朝已处于亡国前夕，兵虚财尽，实已无力援助西夏抗击蒙古了。

当年，成吉思汗西征结束，自西域回到漠北，见西夏不屈，便于1226年（宋宝庆二年，金正大三年）春再次出兵征夏，企图一举灭西夏，但遭到西夏军队的顽强抵抗。蒙古兵经过浴血奋战，遭受重大兵员伤亡后，才攻陷了西夏黑水城（今内蒙古额济纳旗南）、沙州（今甘肃敦煌）、肃州（今甘肃酒泉）与甘州（今甘肃张掖）等。五月，西夏"上皇"神宗病死。七月，蒙古军兵围西夏重镇西凉府（今甘肃武威），西夏守将战败投降。西夏献宗面对蒙古军长驱直入，也惊忧而死。其侄睍被拥继位。十一月，成吉思汗自西凉府穿越沙漠，围攻灵州（今宁夏灵武）。西夏嵬名令公率军来援，成吉思汗指挥蒙古兵渡黄河迎战。此次战斗极为惨烈，最后西夏军因伤亡惨重而败退，灵州失守，都城中兴府（今宁夏·银川）遂被蒙古人所围困。西夏主一面派人向金求救，一面激励将士，日夜拒守，蒙古军久攻不下。

1227年（宋宝庆三年，金正大四年）春，成吉思汗留兵围攻中兴府，自己率师渡黄河，进入金境，攻占了积石州（今青海采循化）、临洮（今属甘肃）等地。当蒙古人进围中兴府之初，金人已意识到蒙古军必然将侵入金境，金哀宗召集朝官商议对策，陕西行省奏上三策：上策是金哀宗亲征陕西抗蒙，中策是金哀宗驻守陕州督战，下策是弃陕西，保潼关。但群臣认为陕西不守，河南也不可保，故金哀宗命令陕西地区加强军事守备，同意陕西行省随机应变，便宜行事，以免贻误战机。五月，蒙古兵进入泾州（今甘肃泾川）、陇州（今陕西陇县）等地，遭到金岢岚节度使杨沃衍顽强抗击，难以前进。此时西夏丞相高良惠因带病指挥军民守卫中兴府，病重而死，城中更为惊恐。闰五月，成吉思汗至六盘山避暑，遣人劝西夏主投降，但遭到拒绝。六月间，西夏域内发生地震，宫室皆遭破坏，而中兴府城内粮尽援绝，军民大多患病，只得向蒙古请降。七月，成吉思汗在军中病死，由第四子拖雷监国。数日后，西夏主睍出城投降，被蒙古军杀死，西夏立国190年后灭亡。

西夏灭亡之际，金廷曾遣使蒙古求和，但为蒙古人所拒绝。不久，蒙古军因成吉思汗病死而退兵，使金朝再次暂免危机。但金朝此时所面临的情况更为严重：河北、河东大部地区已失陷，就是金军所控制的地区也因战火而残破不堪；山东地区因李全等武装相继降蒙古，也全部被蒙古所占领；陕西地区因西夏灭亡，而承受着更大压力。金国都汴京所在的河南地区，虽暂时未受蒙古人直接攻击，但也是经济凋敝，民不聊生，风雨飘摇。而金廷内部，将帅畏敌怯战却又跋扈肆行，吏治日趋黑暗腐朽，官府严刑酷法，统治趋于土崩瓦解。

1228年（宋绍定元年，金正大五年）三月，蒙古兵入泾州大昌原，金平章政事完颜合达以忠孝军提控完颜陈和尚（1192—1232）为前锋迎战。陈和尚擐甲上马，以400骑兵大破蒙古兵8000人，取得了金对蒙古作战20年来最大一次胜利。捷报传来，朝野为之一振。金哀宗手诏褒奖，授陈和尚定远大将军。所谓忠孝军，是在蒙古侵略中投附金朝的各族军队，其勇于作战，但难以统制。陈和尚驾驭有方，军纪严明，所过州县，秋毫无犯，每战则充当先锋，成为金军中的一支劲旅。

1229年（宋绍定二年，金正大六年）八月，蒙古在克鲁伦河边举行贵族大会，成吉思汗第三子窝阔台继承了可汗之位，随即作出了南下灭金的决策。此后一年间，金与蒙古军在潞州（今山西长治）、庆阳（今甘肃庆城）、卫州（今河南卫辉）等地发生激战，双方互有胜负，蒙古军无功而返。1231年（宋绍定四年，金正大八年）四月，蒙古军经过血战，攻占了具有战略意义的金陕西重镇凤翔，打开了关陇大门。金军不得已放弃京兆府，将居民迁到河南。

五月，窝阔台召集诸将商议灭金战略，决定兵分3路：中军由窝阔台统帅，先攻河中府，再攻洛阳；左军由斡陈那颜（成吉思汗妻弟）率领，进兵济南；右军由拖雷率领，自凤翔过宝鸡，入小潼关，经过宋境沿汉水东下，从唐州、邓州进入河南。约定明年春季3路大军会师合围汴京，消灭金朝。

九月，蒙古军三路齐进。其中中路军经过两月血战，攻占了河中府，金守将完颜讹可被俘遇害。而拖雷领兵4万，攻破宝鸡后，经大散关进入南宋境内，屠洋州（今陕西洋县），攻兴元府（今陕西汉中）。宋军放弃要冲饶峰关，于是蒙古人越过宋军防线，经金州（今陕西安康）、房州（今湖北房县）东下，直指唐、邓州地区。面对蒙古军的全面进攻，金廷内部意见不一，缺少策划，被各个击破。十一月，金哀宗急诏完颜合达、移剌蒲阿、杨沃衍和武仙诸军会师邓州，约20万兵马，以拒拖雷的蒙古大军。完颜合达等曾联络南宋襄阳驻军，约同抗蒙古，但被宋所拒绝。蒙古军渡汉水，金将张惠建议乘蒙军半渡时邀击，但移剌蒲阿不听。拖雷得知金军在邓州西南山隘间设有伏兵，便以轻骑出击，在禹山与金兵激战，不胜而退。拖雷因兵马远较金军为少，于是改变战术，利用蒙古军机动灵活的特点，以一部分兵力吸引与牵制金军的行动，而将主力分散行进，直趋汴京。蒙古军一路上攻城拔寨，焚烧金军辎重，截断后方与邓州金军的运输线。

完颜合达等因求与蒙古军决战不成，又担心蒙古军乘虚入都城，只得于1232年（宋绍定五年，金天兴元年）正月二日仓皇从邓州发军赴汴京。金军北上途中，不断遭到蒙古军的邀击骚扰。十二日，金军渡沙河，蒙古兵渡河袭击，使金兵不能扎营休息，又不得军食。金军行至黄榆店，遇雪不能前进，就地扎营。十四日，完颜合达接到金哀宗密旨，称蒙古骑兵已近汴京，让这支金军全部奔赴京师，然后应战。于是金军立即起程，杨沃衍、完颜陈和尚率军冲破蒙古军的拦阻，杀开一条血路，距离钧州（今河南禹州）仅10余里。蒙古兵退向三峰山，金军追击。此时蒙古军采取疲敌逸我的战术，不断撤退引诱金兵急追。金兵沿途作战，极为疲劳，士兵甚至有3天未食者，加上大雪漫天，刀枪结冰，将士披胄僵立雪地，几乎不能行军作战。乘金军疲惫，蒙古军有意让开去钧州的一条路，待金军北走时，出伏兵夹击，金军大败。勇将樊泽、张惠战死，移剌蒲阿被俘，武仙率30骑逃走，完颜合达与陈和尚、杨沃衍率残部数百骑败入钧州，金军全部败溃。蒙古军随即攻破钧州，完颜合达败死，陈和尚被擒而死，杨沃衍杀死蒙古派来劝降者后自缢殉难。数日后，移剌蒲阿也因不愿降蒙古而被杀。

三峰山之战，是金蒙间的一次决定性战役。经此一役，金朝主要抗蒙古名将大部殉国，金兵主力也全部败溃，使此后金军再也无力组织起有效的抵抗，金朝灭亡已指日可待了。

三峰山一战后，蒙古军长驱汴京。金哀宗急忙结集京师四周的军队与义军，并招募京师民军达20万人，分守城防。三月，蒙古兵围汴京，并派使臣前来招降，金哀宗以荆王守纯之子曹王讹可为人质，由尚书左丞李蹊护送前往蒙古兵营，向窝阔台乞和。窝阔台便留军3万，由速不台统领围攻汴京，自己与拖雷率蒙古军主力北还。金廷求和，而蒙古军在城外构筑攻城设备。金平章政事白撒等将帅怯懦无能，因正与蒙古议和，不敢出击，京师军民愤怒喧呼，金哀宗亲自登端门慰劳军士，说："曹王已去议和，若蒙古兵不退，再死战不迟。"

蒙古军攻城准备完成，即向汴京发起了攻击。金哀宗命大臣分守四城，但这些将帅大臣面对敌人来攻，束手无策。但守城军民却奋勇抵抗，取来宋朝遗留的假山石，制造圆球形的炮弹，重约1斤，每城一角置炮弹百余枚，用以对付蒙古兵的登城。金人还使用火器守城。一种称"震天雷"，在铁罐中盛火药，以火点燃，爆炸声如雷，可以烧透铁甲。当蒙古兵在城脚掘洞穴，人躲在里面，金兵就用铁绳系"震天雷"，顺城墙而下，至洞穴处爆炸，方圆数丈内人马皆亡。另一种火器称"飞火枪"，枪管中注入火药，点火后，喷射火焰达十余步，使敌人不敢接近。蒙古兵攻城，最怕这两样火器。金朝军民同心合力，与蒙古兵激战16昼夜，城内外死伤数以万计，迫使蒙古军停止了攻城。金哀宗再次派使臣去蒙古军营求和，蒙古将领速不台眼见汴京难以攻下，便说："已在讲和，还相攻耶？"领兵退去。

守住汴京，金哀宗暂免灭国之灾，便登端门大赦，改元天兴，赏赐将士。诸军将士因丞相白撒、赤盏合喜不战误国，请求天子加以诛杀，以儆其尤，但金哀宗仅免去白撒之职，而让赤盏合喜主持军国之事。当蒙古进攻时，各时居民都迁入汴京避难。蒙古兵退去后，城内疾病流行，50天中死亡了几十万人；且粮饷皆绝，至人相食，已难以维持了。七月，蒙使来到汴京，要金哀宗去除帝号称臣，金哀宗不从，蒙使出言无礼，被守汴将士所杀。金、蒙古和议遂绝。此时，自三峰山败后遁逃南阳山岭间的武仙，于蒙古兵退后，收集溃兵，招募战士，渐至10万人，声势稍振。八月，武仙率军援汴京，金哀宗以赤盏合喜为枢密使，领军接应。赤盏合喜抗命不成，勉强出兵，未走多远，便屯兵不前，致武仙部在蒙古兵邀击下溃退。金哀宗将赤盏合喜削官为民。

十二月，金哀宗眼见金军兵败如山倒，根本无法抵御蒙古军队越来越猛烈的进攻，便不顾群臣的竭力反对，决意弃汴京出逃。二十五日，金哀宗将皇太后、皇后与诸妃留在汴京，出奔京西的汝州（今河南临汝），但因得知此路荒无人烟，便转向东去。此时元帅蒲察官奴奏报蒙古兵驻守的卫州有粮，金哀宗就转攻卫州，结果大败，只得逃往归德（今河南商丘）。金哀宗匆忙弃守汴京，标志着金朝亡国在即。

1233年（宋绍定六年，金天兴二年）正月，金哀宗兵败卫州的消息传至汴京，城内汹汹不安。于是素怀野心的汴京西面元帅崔立（？—1234）发动兵变，杀死留守大臣，自立为都元帅、尚书令，随即向蒙古人纳款，想仿效刘豫而作蒙古的傀儡皇帝。三月，归德的蒲察官奴也发动叛乱，乱杀军民大臣，软禁金哀宗。四月，蒙古兵进入汴京城，崔立在混乱中被痛恨他降蒙的金朝百姓所杀死。六月，金哀宗与近侍设计杀死了蒲察官奴及其党羽，随即听到蒙古兵攻陷了金中京洛阳的消息，赶紧南迁到地处淮河支脉汝水之上、与宋境接壤而又无险可守的孤城蔡州（今河南汝南）。金哀宗在蔡州喘息还未定，又传来了宋、蒙联兵进攻金朝的消息。

成吉思汗临死前，曾分析了蒙古、南宋、金之形势及其利害关系，认为："金精兵在潼关，南据连山，北限大河，难以遽破。若借道于宋，宋、金世仇，必能许我，则我兵下唐、邓诸州，直捣汴京，破之必矣。"此后蒙古军用武力借道于宋，竟费了4个多月，经过苦战才抵达汴京城下，并因攻城失利而退军，因而感到灭金并不如想象的那么容易，于是遣使至临安，与宋廷接洽组织联军夹攻金朝，允诺事成后将河南地归南宋，河北地归蒙古。这与北宋末年宋、金联合灭辽的"海上之盟"颇为类似，所区别的仅是当初是北宋向金人提出约盟，而此时是蒙古人主动向宋廷结盟。

对将来蒙古的威胁，南宋根本未作充分的估计。而深受其害的金人对此远比宋人看得清楚，就像当年辽人劝说宋徽宗不要与新兴的女真人结盟一样，金哀宗也认为南宋与蒙古结盟夹击金朝是与虎谋皮，最终当自取其侮。他指出蒙古"灭国四十，以及西夏，夏亡及于我，我亡必及于宋。唇亡齿寒，自然之理。若与我连和，所以为我者，亦为彼也"。但短视的南宋君臣计不出此，虽有人提醒宋天子"宣和海上之盟不可不鉴"，然而大多数朝臣认为宋、蒙联兵"可遂复仇之举"，于是宋与蒙古结盟，而拒绝了金哀宗的求和。

八月，南宋军队出兵北征，南宋将领孟珙（1195—1246）击败了金唐、邓行省武仙所部的抵抗，占领了唐、邓等州。九月，蒙古军来到蔡州城下，修筑长垒，作久困之计。十一月，孟珙率领南宋军队2万人，与蒙古军会合于蔡州城下，并运粮30万石助蒙古军需。南宋兵粮的增援，使蒙古军士气大增，而蔡州城中金人则更为惊恐。宋、蒙两军主帅孟珙与塔察儿约定，由宋军屯城南，蒙古军驻扎于城东、北、西三面，将蔡州围得水泄不通，以防金人突围。

蔡州城南有柴潭，潭外为汝水，潭边筑楼，上设巨弩，是蔡州城垣的屏蔽。十二月初六，宋军经殊死激战，进逼柴潭立栅。宋兵随即决柴潭入汝水，用柴草填潭，从潭上行军攻城。是日，蒙军也自城北强攻。初九日，蒙古军攻破蔡州外城，金丞相完颜仲德在城中率士兵四面援助，昼夜抗御，蒙古军始终难以突入城内。二十四日，金哀宗率精兵夜出东城突围，遭蒙古军拦截而被迫退回。1234年（宋端平元年，金天兴三年）正月，蔡州被围3个月后，兵疲粮绝，金哀宗杀御马给将士食用，百姓用人畜骨和芹泥充饥。初九日，蒙古军攻破蔡州西城防线，完颜仲德率众巷战，至夜，蒙古兵暂退。金哀宗眼见大势已去，便传位给东面元帅完颜承麟，要求他设法突围出去，使社稷得以不绝。次日晨，完颜承麟受诏即皇帝位。正行礼时，宋、蒙联军攻破城防，宋军登上南城，蒙古军攻占了西城，金诸将赶忙迎战。金哀宗见形势益加恶劣绝望，自缢而死。完颜仲德得知金哀宗的死讯，便赴汝河投水自尽，于是宰执、将帅及军士500余人相率投水而殉国。完颜承麟被乱兵杀死。金太祖完颜阿骨打所创建的大金王朝，至此灭亡。

自南宋末以来，历代史家对宋廷联蒙灭金的行动大都持批评否定意见，其实平心而论，当时金朝灭亡之命运已定，难以起到所谓"存金屏宋"的作用，而助蒙灭金之计，既雪南宋君臣切骨之耻，又能与强盛的蒙古和好，以免蒙古人借机寻衅，是宋廷处理对蒙关系的诸多选择中相对较为有利的一个。由于南宋与蒙古结有灭金盟约，且在攻陷蔡州一役中有助于蒙古，使蒙古不便于立即发动进攻，只是伺机而动。从宋蒙双方形势上判断，推迟战争的爆发，对南宋更为有利。但南宋君臣对此并无清晰的认识，反而在金朝灭亡后，宋、蒙"疆场相望"、南北对峙的局面下，轻率举兵，主动挑起宋蒙间的全面战火，从而使南宋遭受灭顶之灾。

从收复开封到失守襄阳

金朝灭亡后,宋、蒙双方按约定各自退兵,陈州、蔡州以北地区属蒙古,以南归宋。此时,南宋直接面对着一个比金更为强大而可怕的对手,亡国之祸迫在眉睫,但南宋君臣却陶醉于灭金的"胜利"之中,文嬉武恬,沉溺于声色享乐,全无抗敌自救的部署。此时有人建议应乘蒙古军队退兵之机,迅速出兵收复开封、洛阳等地,然后西守潼关,北拒黄河,与蒙古形成对峙局面。此说不能说无理,甚至是抵御蒙古军南侵江南、灭亡南宋的最有效的方法,但由于南宋在很长的时间内没有认真作过收复中原的军事准备,对宋、蒙双方力量对比也没有清醒的认识,只想侥幸于一时,然后迫使蒙古人承认既成事实,故很快归于失败。由于南宋北复河南的军事行动,完全是一种轻率的举动,正好成为蒙古人南侵的借口,从此拉开了宋、蒙之间长达40余年的鏖战。

金朝灭亡前一年(1233)十月,执掌南宋朝政达10余年的史弥远病死,从此"渊默十年无为"的宋理宗才开始"亲揽朝纲",真正掌握天子的大权。宋理宗对自己长期成为傀儡的状况也有些不满,故而在史弥远死后,仍以郑清之为右丞相兼枢密使,组成了以史弥远亲信为主的中枢集团,但却斥远史弥远的一些声名狼藉的亲信。1234年正月初一,宋理宗下诏"求直言",群臣纷纷入对,对史弥远党羽大加弹劾,使之大多被贬出朝,并起用曾遭史弥远排挤与打击的官员或理学名臣,如真德秀、魏了翁、洪咨夔、杜范、赵范等,由此一改史弥远时操纵朝政的局面,缓和了统治集团内部的矛盾,朝政一时颇有振起之象,因而被时人称作"小元祐",又称"端平更化"。

然而南宋积弊至深,非一时所能改变。在宋、蒙联合灭金后,宋朝已面临着与强盛的蒙古直接对峙的形势,只有自己整顿内政,增强国力,巩固边防,才能避免南宋成为继金之后蒙古的又一猎获物。但初理朝政的宋理宗,却昧于蒙古的图谋与南宋自身国情的清醒认识,一心想建功立业,在灭金胜利的刺激下,颇欲乘势收复中原失地,完成祖宗未竟之业。三月,宋理宗一面对灭金将士论功行赏,一面派使臣去河南洛阳祭扫北宋8位皇帝的陵墓。此时,以两淮赵范、赵葵兄弟与全子才为首的部分边帅,采纳金朝降人的意见,认为南宋"非扼险无以为国",而金人守黄河、保潼关,抵御蒙古人的进攻达10余年,因此力主趁蒙军主力北还、河南空虚之机,出兵收复三京(即西京洛阳、东京开封与南京归德)等地,进而占据崤关与函谷关,扼守河津,收取中原地。但这一"恢复"之说遭到朝野上下许多人的反对,故宋理宗于四月诏令百官赴尚书省"集议和战攻守事宜"。反对者纷纷从内政、军力、财力、外交等方面反复论述不可轻举妄动的道理,但主战意见得到丞相郑清之的支持。由于宋理宗急于收复中原,并侥幸认为蒙古人不会对此作强烈反响,故决定出师北进,为此还解除了坚决反对出兵的京湖制置使史嵩之(?—1257)、淮西总领吴潜(1196—1262)、枢密都承旨吴渊(1190—1257)等人的职务。

五月,宋理宗授赵范为两淮制置大使、节制沿边军马兼沿江制置副使,屯兵光州、黄州之间以张声势,而命全子才率领淮西军北上直取开封,赵葵率主力5万人从泗州北渡淮河,作为声援。六月,宋朝在各方面都未作好准备的情况下,仓促出兵。十二日,全子才率军自庐州(今安徽合肥)出发,十八日在寿州渡过淮河。二十四日,宋军至亳州(今属安徽),驻城的600余名降蒙金兵转而降宋,并在其引导下,宋军于七月初直抵开封城外扎营。城中原金将李伯渊率残兵600余人出降。五日，宋军入开封城，总算收复了沦陷已有100余年的汴京。但此时开封城内已成一片废墟，只存居民千余家。金朝灭亡后，因河南各地大都城市残破，人烟稀少，田畴荒芜，故蒙古军北撤而未屯驻。此时又因黄河泛滥，自寿州至开封途中，水深至腰及颈，宋军行进十分困难，只是因前无敌兵，才能抵达汴京。但宋军才至汴京，粮饷已缺，只得停军以待粮草的救援。二十日，赵葵率宋军主力赶到汴京，为尽快占领洛阳，完成据潼关、守河津的初衷，便不顾缺粮，坚持西进，命范用吉等率兵13000人先行，杨义率15000人作为后援，各给5日粮，冒险以进。二十六日，宋军先锋200人乘夜色偷袭洛阳，进城后才发觉已是一座空城。二十八日，宋军入城，完成了出兵前制定的占领"三京"的计划。故此次出兵也称"端平入洛"。

是月，蒙古大汗窝阔台在草原上召集诸王大会，确定了灭宋的方针。在南宋出兵助蒙古灭金后，蒙古一时找不到向宋开衅的借口，但灭宋是蒙古的既定国策，因而发动攻宋战争只是时间早晚而已。此时，蒙古人得知宋兵北进，自然就着手反击。二十九日，南宋后军行至洛阳城东30里处休息进食时，突遭蒙古伏兵的袭击，由于宋军一路行来，未遇敌兵，故而仓促无备，遂致大溃，许多士兵落进洛河淹死，仅主将杨义逃脱。洛阳城内宋军闻报，大为惊恐。八月一日，蒙古军进逼洛阳城下。城中宋军因为断粮多日，士兵饥饿不堪，无力作战，只得突围南走，但在蒙古军的追击下，死伤十之八九，10天后，其残部数百人才回到南宋境内的光州。在开封的赵葵、全子才得知入洛军败的消息，虽拥兵数万，却不敢挥师应援，反而以粮草未集为由，立即自开封退兵，全线南撤。宋军收复中原的行动，就如此以彻底失败而迅速告终。

当时宋廷正忙于布置对河南新复之地的经理事宜，不料败报很快传来，不仅"恢复"成为泡影，而且带来了很为严重的后果。首先是激化了与蒙古的矛盾，为其大举南侵宋朝提供了口实。其次是极大地削弱了宋军力量，入洛的溃败，使宋军伤亡惨重，大量辎重、兵甲、舟车等委弃于敌境，造成江淮空虚，无以防御。同时，入洛一战失败，加深了南宋统治集团内部的纷争，导致人心涣散，朝政更为混乱。

北进失败，主战派遭到主守派的全面攻击，但主守派也提不出治世良法，于是世人"百口交推"理学大师真德秀、魏了翁执掌朝政，以期迅速改变南宋日益危殆的政局。十月，宋理宗召真德秀为翰林学士，不久升任户部尚书。但这位深孚众望的理学大师，在此世道安危升降之机，于见宋理宗时却"略无一语及之",只是进呈了他的《大学衍义》以及"祈天永命之戒",对危机四伏的社会危机也是束手无策。次年三月,真德秀被任为参知政事,但不久病死。与真德秀同时被召的魏了翁,授任礼部尚书兼直学士院。他入对时,首对天子言"明君子小臣之辨",次论"故相十失",再及"修身齐家"等事。此后半年间,他前后上了10余道奏疏,但所提建议不是太过迂腐,就是损害了当政者的利益,无法贯彻。真德秀死后,魏了翁更为人望所属,因为政敌向天子推举他"知兵",宋理宗信以为真,于是年十二月任命他为同签书枢密院事,督视江淮、京湖军马。但军政显非魏了翁所长,故2个月后便被召回,随即出知地方。其他理学名臣也大体如此,无治政理财之才干,大都空谈性理道德。宋理宗"端平更化"本有让理学名臣一展抱负,以拯救王朝危亡的用意,但因他们能言不能行,无所建树。随着魏了翁被斥,一些正直之士也逐渐被排挤出朝,朝廷上宰执们如走马转蓬,相互间门派林立,攻讦不休,而儒士大臣议论纷纭,全无实效。此时,已完成了进攻部署的蒙古军,开始了其对南宋的全面进攻。

1234年秋,蒙古大汗窝阔台汗结集大军分三路南侵,西路自秦州(今甘肃天水)、巩州(今甘肃陇西)入侵四川,中路自河南进攻襄阳，东路进攻江淮地区。

中路蒙军首先南侵，南宋将领全子才临阵逃遁，蒙军攻下唐州、枣阳，但进攻郢州（今湖北钟祥）时遭挫，因久攻不下而退兵。1235年二月，中路蒙军得到了援兵增援，再次南下。三月，南宋襄阳守将出降，鄂北战略重镇襄阳被蒙军占领，兵锋直指宋朝的长江防线。宋军奋起抵抗，坚守城池。知黄州孟珙奉命率兵解了蕲州、江陵府（今湖北荆州）之围，并乘在长江北岸编造木筏准备渡江的蒙古军立足未稳，主动发起攻击，攻占了其24个营寨，迫使蒙古军北撤。

西路蒙军于当年冬天自凤州（今陕西凤县东）侵入四川，攻占沔州（今陕西洛阳），转攻青草原、大安（今陕西宁强西北阳平关）等地，但被宋将赵友闻击退。次年秋，蒙军再攻四川，宋四川制置使赵彦呐强令屯驻仙人关的赵友闻前往无险可守的大安，结果经过数天激战，宋军兵败，赵友闻战死，蒙军得以长驱直入四川，攻破利州（今四川广元）、宕州（今甘肃宕昌）、文州（今甘肃文县）、成都等城，因遭到宋兵的不断骚扰，故四处烧掠后退兵。

东路蒙军因有鉴于两淮地区逼近南宋京畿，江河纵横，不利骑兵奔袭作战，而宋廷为确保两淮安全，投入了大量兵力，故对两淮的攻击较为平缓。1236年（宋端平三年）十月，四川、京湖战事稍缓,蒙军便开始进攻光州、庐州等地,两淮形势陡然紧张起来。蒙军一支攻入淮东,破六合,围滁州,进逼真州(今江苏仪征),对宋廷形成严重的威胁。宋沿江制置使陈韡调兵与蒙军激战,虽战死者甚众,但遏止了蒙军的攻势,损失不轻的蒙军只得退军。

蒙军进攻受阻,便使出"撒花(即讲和)自撒花,厮杀自厮杀"的策略,在进攻南宋的同时,不断派出使臣出使,向南宋提出苛刻的议和条件,要求南宋岁贡银绢各20万,并要求与南宋划长江为界。宋廷对于岁贡银绢可以接受,但如割去两淮、京湖之地,与蒙古以长江为界,无疑难以立国,因此对蒙古的议和条件不能接受。1238年(宋嘉熙二年)九月,蒙将察罕号称率军80万进攻庐州,想攻破庐州后直捣长江北岸。宋淮西安抚使兼知庐州杜杲(1173—1248)全力守御,用火烧、炮轰摧毁敌人的攻具。察罕先用女真军和汉军攻城,不胜,再派由西域人组成的军队,再不胜,就换上蒙古军,还是损兵折将,一员大将还被宋军炮石击中重伤。宋军乘势出击,蒙军溃败数十里,解围而去。蒙军转围滁州,知招信军余玠(?—1253)率军来援,反被围于青平(今安徽滁州东北),而蒙军久攻青平不下,便乘虚转攻招信军(今江苏盱眙北)。余玠急返招信军,与蒙军激战3日,蒙军退去。

蒙军在两淮进攻受挫，只得于年底北归。

是年九月，初任京湖制置使的孟珙受命收复京襄失地。孟珙经过周详的准备，先令部将收复了郢州、荆门军（今属湖北）等要地。1239（宋嘉熙三年）春，孟珙再遣部队向蒙军进攻，三战皆捷，收复信阳军（今属河南）、樊城，进而于六月收复襄阳、光化军（今湖北老河口北）等。襄阳占领位置十分重要，当时人杜范在《论襄阳失守札子》中就指出："襄阳东连吴越，西通巴蜀，古人以为国之西门，又为天下喉襟。若为寇盗据其门户，扼其喉襟，则吴、蜀中断，自上流渡江，直可以控湖湘；若得舟而下，直可以捣江浙。形势顺便，其来莫御。"只是当时蒙古人对此缺乏认识，垂手而得襄阳后，却只是将当地百姓迁至洛阳，而未屯驻重兵，故而被宋军轻易收复，使得南宋京湖防线大为稳固。

蒙军在京湖、两淮地区失手后，便全力经营四川，再次袭破成都，占领汉、眉、阆、夔等州，如入无人之境，一路向东发展。为此四川安抚制置副使彭大雅在地处长江与嘉陵江交汇口、具有重要战略地位的重庆府，不惜一切代价全力筑城，并派部将到合州（今重庆合川）的钓鱼山修筑山寨，作为重庆的屏障。由此重庆成为长江上游以及整个四川地区防御蒙军的重要基地，"支持四蜀且四十年"。孟珙对蒙军攻川东，自长江上游东下的企图早有防范，至此顽强地阻击了蒙军的进犯，并收复了川东重镇夔州（今重庆奉节）。鉴于蒙军此次对川东的进攻，孟珙奏请宋廷在长江上游设置三层防御的方案：第一道设在川东的涪州（今重庆涪陵）、万州（今属重庆）一线，第二道设在湘西北的鼎州（今湖南常德）、澧州（今湖南澧县），第三道设在湘西南的辰（今湖南沅陵）、沅（今湖南芷江）、靖州（今属湖南）与广西北部的桂州（今广西桂林）一带。这方案的防御重点在长江中、上游地区，但也考虑到蒙古迂回云南、广西进攻荆湖南路的可能，确有远见卓识。宋理宗对此方案很赏识，于1240年（宋嘉熙四年）二月任命孟珙为四川宣抚使，不久又兼京湖安抚制置使，全权负责川东、京湖防务。

蒙古南侵受挫，加上主力西征，兵力明显不足，故再次祭起以和佐战的法宝，于1241年（宋淳祐元年）又派月里麻思使宋。月里麻思态度傲慢，声言自己入宋不是来议和的，而是来劝降的，因而被扣于长沙飞虎寨，长期囚禁，使蒙古压服南宋的企图失败。

是年十一月，蒙古大汗窝阔台逝世，其妻乃马真氏摄政。1246年（宋淳祐六年）七月，窝阔台长子贵由即位，朝政仍受乃马真氏控制。1248年（宋淳祐八年）三月，贵由汗病死，其妻斡兀立海迷失后摄政。是年蒙古草原大旱，河水尽枯，野草自焚，牛马十死八九，人不聊生。1251年（宋淳祐十一年）六月，拖雷长子蒙哥登上蒙古大汗的宝位。在此期间，蒙古政局动荡，统治集团内部争权夺利，无暇南顾，所以对南宋的攻势减弱。南宋由此获得了较长时间的喘息，得以整顿、充实防御。

宋、蒙开战以来，作为南宋西部屏障的四川遭受了极为严重的破坏，大部分州县遭到蹂躏，人口锐减。南宋前期，四川是重要的财赋之区，至此反需京湖、两淮接济兵员与粮饷。而且蒙军深入川西、川东，严重威胁到京湖地区的安全。在此危急时刻，抗蒙名将余玠被授予权兵部侍郎、四川安抚制置使兼知重庆府，全权负责保卫四川及收复失地之任。1243年春，余玠前往重庆赴任，京湖安抚制置大使孟珙以重庆粮食缺乏，主动供应军粮10万石，又遣部将率兵6000人援蜀，给新上任的余玠以大力支持。

余玠到任后，实行轻徭薄赋，大兴屯田，招纳贤士，清除专横跋扈的将官以肃军纪，修缮城池器械，提高宋军指挥效能与战斗力。余玠还听取当地人意见，根据四川地形，以及蒙军骑兵利于平原而不便于山岭作战的特点，利用山势修筑了钓鱼、大获、云顶、青居、白帝等10余城，屯兵聚粮，并将合、金、利、沔、夔等州州治迁入其中,成为坚守的据点。至南宋末,宋人所修的山城共达80余所,在抗击蒙古入侵的战争中发挥了重要的作用。经过余玠多年苦心经营,四川经济、军事形势多日益好转,经济上足以自给,也有力量阻止蒙军的进攻,使宋廷自四川撤回来自东南的援军。

此时,在京湖的孟珙也成功地抵御了蒙军的南侵与东下,还时常出援川东与两淮,声名大振,使原先降蒙的南宋士兵纷纷来归。1246年,蒙古行省官员范用吉秘密向孟珙请降,孟珙走报朝廷。宋廷因孟珙威望日盛而对其大加猜疑,故而拒绝接受范用吉的归降。孟珙深知宋理宗并无收复中原的决心和忌疑自己手掌重兵,不禁叹息自己"三十年收拾中原人心,今志不能申矣",悒郁病死。

孟珙死后,贾似道(1213—1275)接任其职。1250年,贾似道调任两淮,李曾伯接任。李曾伯到任后,积极修复襄阳城、樊城,使其成为"城高池深,兵精粮足",并"师出必克,敌入辄败"的坚固堡垒,对以后的战局进程有着十分重要的影响。

1251年十一月,宋左丞相郑清之病死,右丞相谢方叔(?—1272)升任左丞相。因余玠曾得到郑清之的支持,故朝中官员或嫉妒余玠的功劳,或为反对郑清之,在谢方叔的授意下，故意捏造或夸大余玠的过失，使宋理宗于1253年（宋宝祐元年）五月召余玠入京。余玠因收复蜀边的壮志未酬，又遭政敌无端攻击，遂饮毒自尽。四川百姓得知余玠去世的消息，非常悲痛，但朝中大臣却依然加紧攻击余玠，促使宋理宗再于次年七月下诏，以"镇抚无状，兵苦于征戍，民困于征求"等罪状，抄没余玠的家产。此举使前线将士深感寒心，士气涣散，加上接任者多非其人，使得南宋军事形势急剧恶化。

蒙哥汗即位后，吸取了以往南侵受挫的经验教训，一改过去单纯的破坏性与掠夺性战略，而在与宋接壤的州县修筑城堡，部署重兵，实行屯田，为最终灭宋作准备。同时他又命其弟忽必烈率大军远征云南，进至两广，采取迂回包抄战略，以达到南北夹击宋朝的目的。故忽必烈自宁夏出兵，经甘肃、四川藏民地区，进攻云南的大理政权。1254年（宋宝祐二年）初，蒙军包围大理城，大理国王段兴智弃城逃走，大理城被攻陷。不久段兴智被擒，立国316年之久的大理国至此灭亡。两年后，蒙军一支进入安南（今越南），安南国王投降。于是蒙古完成了对南宋的战略大包围。

1257年（宋宝祐五年），蒙哥汗以南宋囚禁使臣月里麻思为借口，决定发动大规模的灭宋战争。次年春，蒙哥亲率蒙军主力进攻四川，蒙哥之弟忽必烈率东路军进攻襄、汉，已在安南的蒙军经广西北上，与东路军会师鄂州，待三军会师后再东进直捣南宋都城临安。

蒙哥入川后，相继攻下了苦竹隘等山寨，四川大部沦陷。年底，蒙军抵达合州钓鱼城下，派人去招降南宋守将王坚，但为王坚所严拒，使人也被王坚处死。1259年（宋开庆元年）初，蒙军进攻钓鱼城，为南宋守军击退，由此揭开了合州保卫战的序幕。四月，蒙军夜袭一字城，一度攻入外城，但又为宋军击退。宋廷得知蒙军大举入蜀，合州危急后，命令吕文德（？—1269）任四川制置副使兼知重庆府，率军增援合州。蒙哥汗命人在涪州造浮桥，以切断自京湖西上的宋援军，并亲率主力猛攻钓鱼城，但依然未能得手，只得将钓鱼城团团围住，欲迫使守城宋将屈服。钓鱼城中南宋军民虽然外援断绝，但凭着城坚粮足，士气高昂，顶住了蒙军的轮番进攻。而蒙军因长期作战，已十分疲惫，加上天气渐热，四川盆地气候闷湿，来自蒙古草原的蒙古士兵因水土不服而疫病流行，士气日趋低落。七月，蒙先锋将汪德臣在攻城战斗中受重伤，回营后死去。不久，蒙哥汗也在城外督战时被炮石击伤，迫使蒙哥汗放弃进攻钓鱼城，而转攻重庆府。但重伤的蒙哥汗终因伤重而死，进攻合州、重庆的蒙军不得不匆忙退兵。王坚坚守钓鱼城，给蒙军带来了惨重的损失，连蒙古大汗也阵亡，成为南宋抗击蒙古战争中取得的最大胜利，使南宋王朝得以推迟灭亡的命运。

九月，在湖北前线的忽必烈得到蒙哥汗的死讯，忽必烈不想无功而返，命令部队围攻鄂州。此时贾似道以枢密使任京湖、四川宣抚大使，全面负责南宋长江中上游的防务。当蒙军进犯四川、京湖地区，宋军节节败退时，身为右丞相的丁大全（？—1263）竟然封锁消息。早在1255年，宋理宗任用早年学习孙武、曹操兵法并以收复中原为己任的董槐（？—1262）为宰相。董槐想更新一下南宋腐朽政局，但遭到了阎贵妃及其党羽丁大全、马天骥等的共同排斥。次年夏，时任侍御史的丁大全竟然半夜调兵百余人包围相府，将董槐绑架并弃于郊外。宋理宗对此不仅未加处罚，反而将董槐罢相。不久，丁大全步步高升，升任右丞相兼枢密使。当时丁大全及其党羽控制朝政，国事日非，当时有人在朝门上写了"檐马丁当（暗指阎贵妃、马天骥、丁大全当政），国势将亡"8字，以表达心中之愤怒。至此忽必烈渡过长江包围鄂州的消息传到临安城，南宋朝廷大震，内侍董宋臣劝宋理宗迁都逃跑，大臣竟然无人敢反对，只有节度判官文天祥（1236—1283）上书请斩董宋臣，以定人心。在主战官员反对下，宋理宗才没逃跑，并将丁大全罢相，任命吴潜为左丞相兼枢密使，贾似道为右丞相兼枢密使，仍兼京湖、四川宣抚大使。

鄂州之战非常惨烈。十月，蒙军攻破鄂州城东南隅，宋军急筑新城，又被攻破，幸亏宋将高达奋勇抗击，才使鄂州免于陷没。至十一月，城中宋军伤亡已达13000余人，形势十分危急，但仍然城守不下。此时，蒙军急攻鄂州无功，由安南北上的蒙军又被潭州（今湖南长沙）宋军阻击，而北方争夺蒙古大汗的斗争愈演愈烈，忽必烈的妃子飞书密报忽必烈的弟弟阿里不哥图谋继承汗位，要他火速赶回。忽必烈为此决定即刻北撤，为免宋军追击，对外声言将奔袭临安。贾似道对此大为惊慌，虽然王坚已派人报告蒙哥汗死于钓鱼城的消息，但贾似道反而命人去蒙军营请和。忽必烈便顺水推舟，匆匆地许宋议和，撤去鄂州之围，自己轻骑北上，争夺汗位而去。同时，围攻潭州的蒙军也奉忽必烈之命撤围北归。

钓鱼城与鄂州之战蒙军失利而回，说明在宋、蒙开战至此20余年间，虽然蒙古采取攻势，南宋取守势，但蒙古并未取得多大优势，蒙古遇到自其崛起以来最顽强的抵抗。这也表明南宋在政治、经济方面虽颇多腐败，但官僚机构尚能正常运转，战略部署上也无根本之失误，加上一批英勇善战的将帅支撑危局与南宋军民的浴血奋战，使南宋尚能抵挡住蒙古的强大攻势而未被消灭。但蒙哥汗的去世，给忽必烈提供了早日登上大汗宝座的契机。此后，蒙古在政治、军事上日趋强盛，而南宋却因贾似道凭借鄂州之功归朝独秉朝政，造成吏治腐败，国力日趋衰微，双方力量对比朝着有利于蒙古的方向发展。

忽必烈北归后，于次年三月召开诸王大会，宣布继承汗位，并定年号为中统。四月，驻守和林的阿里不哥也宣布即位。由此兄弟两人为争夺大汗宝座而进行着激烈的战争。经过长达4年的战事，1264年（宋景定五年，蒙古至元元年）七月，阿里不哥因众叛亲离，彻底失败，才被迫向忽必烈投降。忽必烈至此建立了地跨欧亚大陆的蒙古帝国。在夺汗战争之初，忽必烈为避免遭受南北夹击之势，派郝经为使臣入宋，告忽必烈即位，并商讨和议事宜。但南宋因为此前与蒙古和谈而大吃苦头，对此深以为戒，加上鄂州之战后，宋廷过高估计自己的力量，故将蒙使一行37人拘留在真州忠勇营，不予放归。此后，忽必烈数次遣人责问南宋扣留使臣，并曾下诏伐宋，企图用武力迫使南宋交还使臣，但南宋一概不与理会。忽必烈因忙于平定内乱，对此也无可奈何。忽必烈在阿里不哥归降后，着力平息内部的反对势力，进行法制改革与建设，肃清吏治，推行汉化，安定社会，使蒙古统治地区的经济得以恢复，政权得以巩固，为最后攻灭南宋奠定了坚实的政治、经济基础。

而南宋贾似道在鄂州之战后入主朝政，并设法排挤左丞相吴潜出朝，朝官中与吴潜关系密切者一概逐出朝廷。贾似道权力欲极强，他凭借其姐姐曾是宋理宗宠妃的背景与其在鄂州之战中所获得的战功，决意擅政弄权，极力排斥、打击一切可能与其争夺权力之人，使其权势炙手可热。当时南宋朝廷上宦官与外戚相互勾结，宰执与台谏官虽屡欲去之，但往往反受其害。而以太学生为主的三学（太学、武学、宗学）生与京庠（临安府学）生，继承北宋末年太学生反对蔡京、童贯等"六贼"、抗金自救的传统，继续参与政治活动，经常抨击朝政，臧否人物，伏阙上书，逐渐形成一股不小的政治势力，而被称作"无官御史台"，与人主、宰执相抗衡。因此贾似道主政后，随即施展手段抑制宦官、外戚的势力，同时软硬兼施，对太学生加以笼络与收买，使太学生对朝政噤若寒蝉，只敢歌功颂德，贾似道由此极大地巩固了自己的权位。此外，当时因连年对金、蒙古作战，使武人势力再次崛起，边帅权力大增，宋廷君臣对此深怀疑虑。于是贾似道便在宋理宗支持下，以整治军中贪污腐败现象、减少军费开支为理由，在武将中实行打算法，即审理其军费开支，追缴赃款。贾似道因在鄂州时，武将普遍对其不敬，故而乘机打击武将、边帅，使军中颇有威望的将帅或被迫害致死，或下狱追赃，或被免职。其中如四川潼川路安抚副使刘整（1213—1275），原为孟珙部下猛将，此时因打算法而遭到四川安抚使俞兴的迫害，随即又听说大将向士璧、曹世雄被迫害致死，遂于当年六月以泸州（今属四川）等15个州郡、共30万户投降蒙古。刘整降蒙后，得到忽必烈的重用，成为蒙古攻取襄阳、力主灭宋的主要将领。

此时南宋的政治、经济危机日益严重，宋末学者黄震曾指出当时存在四大弊：民穷、兵弱、财匮与士大夫无耻。贾似道面对当时兵灾、水灾遍及江淮、四川各地，贪官污吏狼吞虎噬，"国库空虚，州县罄竭"的局面，也无良策，但为筹集军费等，开始推行"公田法"。所谓公田法，即规定每户田地超过一定数量，将三分之一卖给官府作为公田，卖价最高为200贯，最低160贯，但实际上价值1000贯一亩的良田，仅给40贯，且一半是无用的官诰、度牒，另一半为日益贬值的纸币"会子"。具体推行公田法的官吏以多买官田为政绩，便将只有很少田地的人户合并以达到收买公田的标准，并用刑罚逼迫，致使民间骚动，官僚、地主与普通百姓利益均受损害，加剧了社会矛盾，"民怨至此而极"。日后元军南下，江南官吏、地主纷纷投降，与此不无关系。

1264年十月，宋理宗病死，宋度宗（1240—1274）即位。宋度宗天资愚钝昏庸，体弱多病，即位后将朝政托付给有"定策功"的贾似道。次年三月，贾似道将宋理宗安葬完毕后，为夺得更大的权威，乘机邀君，上章辞职，并不管天子同意与否，径直回到其在绍兴府的私第，同时让边帅谎报蒙古进攻之军情，迫使宋度宗多次御笔宣召入京。此后宋天子又拜贾似道为太师、平章军国重事，称他为"师臣"，将一切军国大权都交给贾似道处决。大权在握的贾似道在杭州西湖边葛岭修筑奢华的私第，日与美妾、馆客在私第内寻欢作乐，斗蟋蟀。宰相府官员每天抱着文书到葛岭贾府，但贾似道怠于政事，全部交由门客廖莹中、堂吏翁应龙全权处理，宰执只是在文书上署名，根本不能过问其事。致使民间有"朝中无宰相，湖上有平章"之嘲。由于宋度宗的昏庸、贾似道的独断专行，使朝政日坏，内外交困，日趋灭亡。

忽必烈夺得大汗后，花了数年时间稳定内部统治，此时再着手组织对南宋新的大规模进攻。1267年（宋咸淳三年，蒙古至元四年）十一月，蒙古南京路宣抚使刘整入朝，对忽必烈建议灭宋当先攻襄、樊二城，撤去其"扞蔽"，然后"浮汉入江，则宋可平"。刘整并指出"自古帝王，非天下一家，不为正统"，如置南宋不问，是"自弃正统"，由此坚定了忽必烈灭宋之决心。次年九月，忽必烈命令刘整前往襄阳，协同蒙军主将阿术围攻襄阳、樊城，由此拉开了历时6年、关系到南宋政权最终命运的襄、樊保卫战。

襄阳府与樊城位于中原的西南部，两城夹汉水而建，南宋军队在汉水中植木，联以铁索，中造浮桥，作为两城互相支援的交通要道。襄、樊上通四川、汉中，下控荆楚，顺汉水而下，即进入长江中游的门户鄂州，战略地位十分重要。襄、樊被围后，宋军民在京湖制置副使、知襄阳府吕文焕的率领下，几次主动出击，力图打破蒙军包围，却都未成功。宋廷得知襄、樊被围，遣四川安抚制置使夏贵、两淮都统张世杰（？—1279）率军分头增援，虽未能击破蒙军的包围，但宋军凭借水道之利，不断用船将粮食衣甲送入围城中。蒙军决定不惜代价夺取襄、樊，从各地调军加强对襄、樊的包围，在城下的士兵多达10万人，但因襄、樊地势险要，城池坚固，且物资储备较丰富，一时难以攻破。为此，刘整一方面扩大工事范围在沿江修筑城堡，甚至在汉水中流筑台，上设弩炮，与两岸堡垒相呼应，以控制汉水水道，彻底切断了南宋对襄、樊的支援；另一方面针对蒙军长于骑击，短于水战的弱点，建造战舰5000艘，操练水军7万，为攻襄阳、灭南宋作准备。

为打破蒙军对襄、樊的包围，并防御蒙军自京湖长驱江南的可能，南宋调集几乎所有能征惯战的骁将与劲卒于京湖地区，以加强那里的兵力部署和增援襄、樊。但宋军数次增援，都遭到蒙军的顽强阻击，损失惨重。1271年（宋咸淳七年，元至元八年）五月，忽必烈因宋军云集京湖，不断出兵增援襄、樊，便在命令蒙军继续围攻襄、樊以外，又遣军队分别进攻四川的嘉定府（今四川乐山）、重庆府、泸州以及河南的汝州（今河南临汝），以牵制宋军，进一步孤立襄、樊两城。但宋军未为所动，虽然屡次失败，却继续竭尽全力增援襄、樊。八月，宋廷命京湖安抚制置使李庭芝（1219—1276）携钱300万贯去郢州犒军；并命京湖制置司自江陵北迁郢州，范文虎等将帅屯驻新郢（今湖北钟祥西南）与均州（今湖北丹江口西北）河口，扼守汉水要冲，加强对襄樊的直接应援。

是年十一月，忽必烈改蒙古国号为"大元"，诏书称"诞膺景命，奄四海以宅尊；必有美名，绍百王而纪统"，从而表明元王朝为封建正统。次年，忽必烈又宣布改中都为大都（今北京市），建都于此。元朝为消灭宋朝作好了政治上、舆论上的一切准备。

1272年(宋咸淳八年,元至元九年)春,襄、樊一线战况更为紧张。三月,元军攻破樊城外城,固守的宋军2000余人全部战死,但宋军仍坚守内城。尽管军情日益危急,但南宋前线将帅却因不和而不能并力对付元军。大将范文虎(?—约1301)依仗有贾似道仗腰,不听京湖制置使李庭芝的节制,李庭芝无可奈何,只得借助于民兵力量。当时襄、樊两城被围5年,外援断绝,城中虽还有粮食,但极缺盐和布帛等。李庭芝探知襄阳西北有一条清泥河,发源于均州,于是便造轻舟百艘,以3船联结为1舫,中间一船装载物资,左右两船用作掩护,招募抗元义军3000人,以义军首领张顺、张贵兄弟为统领,配备火枪、火炮、巨斧、劲弩等,强行突入襄阳城。五月二十四日半夜,汉水上涨,张顺率船队起航,乘风破浪,直冲重围,斩断锁江铁索,鏖战而前,元军披靡,以避其锋。张顺在激战中阵亡。次日凌晨,张贵率民兵转战120余里,来到襄阳城下。襄阳城长期与外界隔绝,张贵率军到来,使得城中军民勇气倍增。民兵破围进入襄阳后,元军更加注意防范,水道连锁数十里,"虽鱼鳖不得渡",使襄、樊处境更为艰难。九月,贾似道因前线将帅不和已影响战事,在调解无效的情况下,解除了范文虎的兵权,出知安庆府。但宋军仍然无法对襄、樊作出更有力的增援。李庭芝建议贾似道亲至京湖指挥增援襄阳的战事。贾似道也声称愿"捐躯勇往",但终无行意。就在宋廷犹豫不决,援襄阳将帅互相牵掣之时,元军已开始了对襄、樊的总攻。

元军自大举进攻襄、樊以来,耗费巨大,人力物力的补充皆极其困难,故忽必烈十分希望早日结束战争。是年冬,汉水渐涸,正是元军攻城之良机。忽必烈采纳将领阿里海牙的建议,先攻樊城,以断襄阳的声援。岁末,元军水陆并进,攻毁宋军在汉水上所造的浮桥,断绝了襄阳、樊城间的交通。元军再以水军截江,分兵12道猛攻,并炮轰城,于1273年(宋咸淳九年,元至元十年)正月九日攻破樊城防线。城中南宋军民浴血抵抗,都统制牛富率将士巷战,渴饮血水,转战而前,杀死元兵甚多,最后因伤重,不愿被俘,赴火自尽。元军进城后,将剩下的樊城军民全部屠杀,然后移师全力进攻襄阳。

与襄阳唇齿相依的樊城失守,襄阳城守更是危在旦夕。元军乘机加强对南宋襄阳守将吕文焕的劝降,吕文焕在部下纷纷出城投降下,深知大势已去,不得已于二月开城降元,被忽必烈封为襄阳大都督。

襄、樊之战是宋元之间最具决定意义的一次大战。襄阳、樊城的沦陷，使南宋京湖地区的防线被完全撕开，长江中游门户洞开，成为元军长驱临安府的一条捷径。同时，襄、樊在坚守6年之后沦陷，极大地增强了元朝灭宋的信心，使南宋军民抗击元军的信心大为动摇，而在稍后元军大兵压境之时，出现了兵败如山倒的局面。

崖山遗恨

襄、樊失守，南宋朝野震惊，群臣纷纷提出救亡之策。但贾似道一概不理，反而文过饰非，将反对自己的官员贬职，依然歌舞升平，过着荒淫无耻的糜烂生活。元朝自攻陷襄阳后，对于即刻兴师东下还是暂缓进攻，意见不一，直至1274年（宋咸淳十年，元至元十一年）初，忽必烈才决定立即兴兵灭宋，并任命伯颜为行中书省丞相，总领大军南下。六月，忽必烈正式颁发伐宋诏书，声称元军南下，是因为贾似道拘留元使臣郝经所致，并声讨贾似道"无君之罪"，以收买民心，取得南宋士大夫的支持。随即命令中书右丞博罗欢为左路军统帅，从枣阳入侵两淮，以牵制宋军兵力。其右路军20万人由伯颜统帅，从襄、樊顺汉水而下，水陆并进。

七月，宋度宗病死，贾似道立年仅4岁的宋恭帝（1271—1323），由谢太后（1210—1283，宋理宗皇后）垂帘听政。九月，元军主力右路军进攻宋张世杰所镇守的郢州。因宋军坚守不降，元军被阻击于城下，伯颜决定绕过鄂州，直至长江边上的阳逻堡（今湖北武汉汉阳东）。经数日激战，宋阳逻堡守军将士8000人全部阵亡。元军渡过长江，进攻南宋京湖重镇鄂州城。

南宋晚期以吕文德为首形成了一个庞大的吕氏军事集团，吕文德兄弟、子侄、姻亲、旧部等皆为朝廷重要军政要员，在襄、樊一役中，南宋方面主要将领皆为吕氏集团中人。吕文焕降元后，贾似道为依仗吕氏集团其他将领出力御敌，冒险依然重用他们守卫长江中游州郡。忽必烈清楚吕文焕对南宋京湖地区将领之影响，故每至一城，必首先让吕文焕前往招降。因此在吕文焕的招降下，南宋沿江诸州吕氏旧部纷纷望风而降，如吕氏旧部、权鄂州张晏然开城门迎降，使元军未经战斗即取得鄂州，吕文德之子吕师夔以江州降元，吕文德之婿范文虎以安庆府降元，不久吕文德的堂弟、宋五郡镇抚使吕文福亦降元。吕氏集团中人纷纷倒戈，加速了赵宋王朝的灭亡。

元军顺江一路东下，各地守将不走即降，南宋统治土崩瓦解。面对元军迅猛东下，慌了手脚的贾似道决定出任都督诸路军马，出师御敌，同时让天子下诏要求各地起兵"勤王"。1275年（宋德祐元年，元至元十二年）正月十六日，贾似道亲率诸路精兵 13 万、战舰 2500 艘出师西上，金帛辎重相衔百里。此时贾似道眼见元军顺流蜂拥而下，而自己的一些亲信将领却纷纷降元，对御敌决战之结局颇为悲观。故为避免出京后大权旁落，命令宰执小事专决，大事必须秉白都督府，不得擅自作主；并以亲信韩震为殿前都指挥使，掌握禁兵，控制临安形势；而且与韩震和知临安府曾渊子约定，如出师江上不利，即请谢太后与皇上移驾海上避难。二月上旬，元军主力屯驻安庆府，其前锋已抵达池州受降。于是贾似道以部将孙虎臣为前锋，率步骑 7 万人进驻丁家洲（在安徽铜陵东北长江中），以夏贵为水军统帅，领战舰横亘江中，自己率后军驻屯鲁港（在安徽芜湖南），摆出一付与元军决战的势态。但贾似道并不真想与元军开战，幻想用非战争的方式促使元军退兵。只是元军统帅伯颜拒绝了贾似道提出的"请称臣、奉岁币"的求和设想，要求宋廷"纳土归附"。在各种求和努力失败后，宋军才被迫进行迎战部署，此时元军主力也水陆并进到达丁家洲，排兵布阵，准备接战。二十日，宋、元双方在丁家洲正式展开决战。元军鉴于南宋军舰数万艘横布江中，就先用部署在两岸上的大炮轰击宋阵，被击中的战舰大多沉没，宋军动摇。元水军乘机出动战船冲击，突入宋阵，宋军死伤惨重。宋军先锋将姜才（？—

1276）率军拼死抵抗，但统帅孙虎臣却弃阵而逃，夏贵也不战而退，宋军遂乱。贾似道惊惶失措，急忙鸣锣收兵，不料士无斗志，顿时溃逃，不复成军。元军大获全胜，俘获南宋将领30余人，士兵5000余人，战船1000余艘。南宋水陆两军主力经此一战，几乎全部丧失，而且士气也丧失殆尽。南宋沿江军州的守将"降、走恐后"，太平州、和州、无为军相继降元，饶州被攻陷，镇江府、宁国府、隆兴府守臣弃城而逃。元军便乘胜进占了建康府，随即分兵四出，攻略江淮地区宋军所控制的州县，先后占领了镇江府、江阴军、无锡、宁国府等地，江南东路悉归元有。此后元军又攻占了常州、平江府、海州等地。

宋军兵败丁家洲的消息传来，宋廷一片恐慌。面对元军节节进逼，谢太后颁发诏书，诏谕叛将吕文焕等人斡旋宋元和议，以利息兵通好，但为吕文焕等所拒绝，宋廷欲乞和息兵的企图破灭。贾似道兵败后逃到扬州，急请谢太后与皇上迁都海上避难，以免北宋末靖康之变宋徽宗、钦宗父子被金人所掳之事重现。此时临安城内谣言四起，对贾似道擅政深为不满的外戚、宗室与曾受贾似道压制的官员乘机反贾。签书枢密院事陈宜中本为贾似道所援引，为其党羽之一，至此见贾似道失势，即摇身一变，上书谢太后请诛杀贾似道以正误国之罪。谢太后认为贾似道"勤劳三朝",如此处置有失"待大臣之礼",故只罢去其平章军国重事与都督诸路军马之职,废去贾氏不恤民之政令,放还被贬谪之臣,诛其幕僚。当时殿前指挥使韩震催促丞相执行贾似道的迁都安排,但谢太后对此犹豫不决,外戚、宗室都只想苟安,反而指责韩震"阴怀异志"。陈宜中于是附和谢太后的意思,认为坚守临安为宜,并设计暗杀了韩震,使贾似道的迁都计划就此破产。

当初宋廷下诏天下兵马勤王,许多宋将因元军兵锋已迫近临安,都畏缩不前,唯有郢州守将张世杰、江西提举刑狱文天祥、湖南提举刑狱李芾(？—1276)等数人应诏而来。张世杰入京后,出任总都督府诸军之职。张世杰随即调遣部队,收复了平江府、安吉州、广德军等,又联合刘师勇部收复了常州。于是浙右不少降元的州县又反正归宋。李庭芝、姜才也率军坚守扬州。由此南宋面临的严峻形势略有缓和,而要求惩治贾似道的呼声日益高涨。宋廷迫于舆论,将贾似道贬为高州团练副使,循州安置。福王赵与芮素恨贾似道,便让与贾似道有冤仇的山阴县尉郑虎臣为押送官。贾似道赴贬所途中,被郑虎臣杀死于漳州(今属福建)木棉庵。

七月,张世杰与沿江制置使赵溍、知泰州孙虎臣等相联合,以战船万余艘列阵于镇江府焦山南北,并约殿前指挥使张彦领兵自常州趋镇江，李庭芝兵至扬州瓜洲渡，三路并进，欲合歼元军主力于建康至镇江一线。不料扬州兵失期，常州兵不出，张世杰、孙虎臣只得率领水军孤军作战。宋军以10船连接成一舫，泊船江中，没有号令不得移动，以示殊死决战之心。但元军看出宋军部署的破绽，便用火攻宋军战舰。宋军战舰一时烈焰冲天，虽欲拼死作战，无奈移动不得，多赴江而死。张世杰等率后军退走圌山（今江苏丹徒东北），元军追击，俘获宋军海舟80余艘，小型战船700余艘，宋军不复成军。张世杰率余部南走，并请求宋廷增兵继续攻击元军，但宋廷此时已是无兵可遣。

焦山之败，使宋军残存之师遭受了致命一击，从此对元军进攻再也不能组织起有效的抵抗，而元军乘机控制了海口，割断了淮东宋军与临安之间的联系。宋廷所处形势更趋恶化，但朝中宰相王爚（？—1275）与陈宜中意见不一，每日坐朝堂争私意。王爚便让其子煽动临安府学生伏阙上书，攻击陈宜中擅权，党同贾似道。于是陈宜中赌气离开相位，王爚也要求罢政。谢太后只得下令逮捕伏阙上书的学生，罢去王爚，但陈宜中还是不肯回到朝廷。九月，陈宜中罢相。十月，谢太后又任命留梦炎为左丞相，陈宜中为右丞相，共同都督诸路军马。

临安城内的南宋京朝官眼见形势日危，元军势如破竹地逼近临安城，而朝廷上争夺权力之内讧不断，便争相避匿逃遁而去，朝堂上冷冷清清。谢太后虽在朝堂上出榜文提出警告，但仍然不能制止官员的鸟兽散。

十一月，元军兵分3路进攻临安府：左路以水军出长江入海南下，直逼临安海口；右路自建康出发，经广德直趋独松关；元军统帅伯颜亲率中路军，取道常州直下临安。元中路军在伯颜的指挥下，会合此前已在围攻常州的元军，加紧猛攻常州，并击退了南宋数支援军。十六日，孤立无援的常州粮尽弹绝，被元军攻陷，除刘师勇率少数士兵突围而去外，数千名宋军将士英勇战死，剩下的军民全遭元军屠杀。十二月初，元军进入平江府，遣人招降四周州县，并严令将士守护城池，勿得纵兵侵扰百姓，如有犯者，军法论处。在元军的军事威逼与招降安抚之下，江南各地南宋守臣纷纷归降。1276年（宋德祐二年，元至元十三年）正月三日，伯颜大军兵临嘉兴府（今属浙江），南宋守将开城门迎降。元军随即南下，来到临安城外的余杭县长安镇。此时元右路军取广德，攻陷独松关，打开了进攻临安城的门户，与自海道南下的左路军，一起会合中路军于长安镇一带。元军兵分3路合围临安城的部署最后完成。

此时临安城内有文天祥、张世杰所部及各地陆续到来的勤王兵等10余万人,文天祥与张世杰商议,应与元军决战,如能获胜,即命淮东地区宋军切断元军后路,那国事尚有可为,但丞相陈宜中一心只想与元军议和,拒绝了他们的作战计划。谢太后也下诏"以王师务宜持重为说",加以制止。于是陈宜中不断派遣使臣前往元营,先是请求元军班师通好,然后求称侄纳贡,再求称侄孙,最后求封小国称臣,但皆为伯颜所拒绝。随着元军在临安城北形成重兵压境之势,城内人情汹汹,朝臣连连宵遁,参知政事陈文龙、同签书枢密院事黄镛、新任参知政事常琳、新任签书枢密院事夏士林以下数十人都杳无踪迹,朝堂为之一空。十七日,此前坚决反对迁都的陈宜中也只得请谢太后迁都避难,但未能成功。十八日,元军进驻余杭临平镇南皋亭山,游骑已至临安北关。文天祥、张世杰再请谢太后入海避难,自己率众背城一战,陈宜中却不同意,反而竭力劝说谢太后上传国玺求降。谢太后眼见欲战不能,求和不成,便派人赴伯颜处,送上传国玺与降表请降。当晚,陈宜中乘乱逃出临安。十九日,元军进至临安北郊15里处。宋度宗之子益王赵昰(1268—1278)、广王赵昺(1271—1279)和张世杰、陆秀夫(1238—1279)、刘师勇等纷纷东出嘉会门,渡钱塘江而走,逃向温州(今属浙江)。是日早晨，谢太后得知陈宜中已逃，就任命文天祥为枢密使，中午再拜文天祥为右丞相兼枢密使，文天祥坚辞不拜，改任贾余庆。二十日，谢太后遣左右丞相吴坚、贾余庆与文天祥等大臣去元营谈判。文天祥还想保存宋王朝，见伯颜陈说大义，慷慨不屈，伯颜担心文天祥"有异志"，就将他扣留于军中，而让吴坚等签订降书后放还临安。三月初，伯颜进入临安城。十二日，元军将领进入宋宫宣读元世祖忽必烈的诏书，命宋恭宗与三宫同赴元大都。十三日，除谢太后因病暂留临安外，赵恭宗与全太后（宋度宗皇后）和后宫百余人，以及宗室、外戚、大臣以下数千人，加上太学、武学、宗学学生百余人皆奉命北上。前后统治长达300余年的赵宋王朝至此基本灭亡。闰三月，宋恭宗一行抵达元大都。四月，宋恭宗、全太后等人离大都去上都入觐忽必烈。五月，忽必烈接见宋恭宗一行，降封宋恭宗为瀛国公。八月，谢太后也被迫抱病北迁，降封为寿春郡夫人。

当谢太后降元后，伯颜让谢太后下令各地未降州县归附元朝，并放散从各地来临安的勤王兵。于是各地守臣纷纷降元，仅福建、两广及川东、扬州等地尚为宋守。此时逃亡至温州的益王、广王，在陈宜中、张世杰、陆秀夫的拥戴下，益王任天下兵马都元帅，以广王为副都元帅，部署抗元。谢太后得知两王在温州，便派人去温州，欲召回两王。陈宜中等人不愿归还浙中，便扶持两王出海入闽，前往福州（今属福建）。

五月一日，陈宜中、张世杰、陆秀夫等人正式拥立益王即位，是为宋端宗，并封淑妃杨氏为太后，一同听政。宋端宗授任陈宜中为左丞相兼都督，遥授李庭芝为右丞相，陈文龙、刘黼为参知政事，张世杰为少保、枢密副使，陆秀夫为签书枢密院事。此时，被元军扣留北上的文天祥自镇江逃归，被授任右丞相兼枢密使、都督诸路军马。文天祥见国事皆决于陈宜中，议论多不合，便固辞不拜，乃为枢密使、同都督诸路军马。福州流亡政权成立后，一面联络各地不愿降元的军民，一面组织了几次较大规模的出击，但均告失败。

此时由李芾坚守的潭州城（今湖南长沙）已被元军攻陷，李芾自杀。受围攻多时的扬州形势也日益严峻，处于弹尽粮绝的境地。七月，宋端宗自福州派人来扬州召李庭芝、姜才率兵南下。李庭芝便以淮东制置副使朱焕守城，自己与姜才率兵7000人向东经泰州（今属江苏）入海赴召。不料李庭芝刚离开扬州，朱焕就开门降元。元军因此全力追击，将李庭芝、姜才包围在泰州。泰州守将开城门投降，元兵入城，姜才因病力不能战，李庭芝投池自杀未成，皆被元军所执。两人均誓死不屈，惨遭杀害。

南宋流亡政权成立之初，臣僚间尚能同心协力，但很快即产生了矛盾。陈宜中与陆秀夫、张世杰议论不合，陈宜中又施展以台谏官钳制反对派的惯技，弹劾陆秀夫，让他出知潮州。张世杰为此责备陈宜中，迫使其将陆秀夫召回。文天祥也因与陈宜中发生矛盾，于七月间以同都督身份离开福州组织军民抗元。十月，元军兵分3道进逼福州。当时宋军尚有士兵17万，内有淮东精锐1万人，民兵30余万，尚可与元兵一战。但南宋大臣慑于元军的锐气，并幻想还能出现宋高宗在女真人的不断打击下遁逃入海却终于中兴宋朝的奇迹，便不战而登舟入海辗转南逃，期望生长于北国的蒙古人如同当年的女真人一样，因难忍南方湿热的气候而撤兵，容忍赵宋王朝残余势力的存在。但蒙古人显然不想再给宋人这样一个机会，而在东南丘陵中紧追不舍，使南宋小朝廷自福州逃至泉州（今属福建），再逃至潮州（今属广东），于十二月抵达惠州（今属广东），次年三月移居富场（今广东深圳市西南），再移屯广州浅湾。

在元军的步步进逼下，宋廷控制的区域日益减少。川东宋军因京湖地区已为元军所控制，与宋廷的联络中断。当宋廷逃亡两广的消息传来，四川制置使兼知重庆府的张珏

（？—1280）即遣使臣去寻找两王踪迹，并在合州钓鱼城辟地修筑宫殿，欲迎接流亡政权入川。1277年（宋景炎二年，元至元十四年），元军加强了对川东宋军的进攻，涪州（今重庆涪陵）、万州（今属重庆）、施州（今湖北恩施）、咸淳府（今重庆忠县）、泸州等地相继失守，重庆陷于孤立。次年二月，张珏率军出熏风门，与元军激战，但元军四集，大破宋军，张珏只得退守城中。当晚，都统赵安因城中粮尽，大势已去，便开镇西门降元。张珏与元兵巷战，战败，以小船载妻子东走，途中欲投水自杀，为家人所救，次日被元兵追获。张珏誓死不降，此后自缢身亡。重庆失陷后，尚有宋守的合州钓鱼城、绍庆（今重庆彭水）、夔州（今重庆奉节）等州县先后降元，元朝完成了对四川全境的占领。

在南宋小朝廷被迫自福建南逃广东之时，元朝北边又发生了骚乱，那木罕所部、宗王昔里吉（蒙哥之子）等举兵进攻忽必烈，兵趋大都。忽必烈遣伯颜率兵平乱，并命江南元军北还，由此使元军进攻南宋小朝廷的势头趋缓。宋军乘机反攻。1277年五月，文天祥招募义军收复江西失地，吉州（今江西吉安）所属8县，被收复一半，而临川（今江西抚州）、南昌（今属江西）等州及湖南各地义军纷纷起兵响应，先后收复了不少州县，一时声势大盛。七月，张世杰率军进攻泉州，汀州（今福建长汀）、漳州百姓纷纷来归。但随着北方紧张局势的松弛，元朝又加紧平定南宋残部的战争。由于宋军主力已损失殆尽，此时只是依靠招募来的义军、民兵支撑局面，其缺乏经验、训练与装备，在强大的元军进攻下，纷纷溃散。八月，文天祥兵败兴国（今属江西），依靠部将的舍命阻击，部将赵时赏冒充文天祥迷惑元军，文天祥才得以脱险，南奔循州（今广东龙川），驻军南岭（今广东永安东南）。而张世杰也在元军的进逼下，退军广州浅湾，漳州失守，元军占领了福建全境，并乘势进入广东。此时，元朝左丞塔出也领军自江西越大庾岭入侵广东。十一月，元军攻陷广州，宋广东制置使张镇孙被俘遇害。元水军随即进攻浅湾，张世杰迎战失利，退屯珠江口之秀山，不久又退至珠江口外的井澳。

此时，丞相陈宜中眼见事不可为，便借口前往占城（今越南中南部）联络，遁走占城，从此一去不返。南宋小朝廷抵达井澳时，正遇飓风袭击，损失惨重，士兵死者十之四五，宋端宗惊恐成疾。不久，元水军追击而至，宋军又败，退向海南岛东北海面。1278年（宋景炎三年，元至元十五年）正月，张世杰欲移师占城，派兵攻打雷州（今广东海康），但因广西方面元军进展神速，控制了琼州海峡，截断了宋军西去的路径，迫使南宋小朝廷移师碙洲（今广东雷州湾外）。而广东元军在二月攻陷了粤东重镇潮州后，其统帅塔出被忽必烈召还商议军情，给南宋小朝廷以暂时的喘息机会。

四月，宋端宗病死，年10岁。左右群臣见大势已去，纷纷准备散去，为陆秀夫所阻止，共立年方8岁的广王赵昺为皇帝，史称帝昺。陆秀夫任左丞相，张世杰为少傅兼枢密副使，共同执政，并遥授文天祥为少保。张世杰乘元军主力北还之机，再遣将领进攻雷州，企图控制琼州海峡，打通通往占城的通道。但宋军与元军三战皆北，元军并从投降的宋军将士那里获知南宋小朝廷的困境，故加强戒备，切断其粮道，迫使宋廷重返广州，屯居于崖山（也作厓山，在广东新会南80里海上）。

崖山由两座相对的小山组成，势颇宽广，中间为一港湾，其海口如门，可以隐藏舟船。有人建议宋军当先据海口，如此可以进退自如。但张世杰担心士气已相当低落，怕士兵久处海上，易生离心，决意死守崖山，不肯听从，而是将千余条大船联结起来，筑成水寨，上建楼橹，宛如城墙；又建行宫30间，军屋3000间，作死守之计。

文天祥此时与广王政权取得联络后，移师潮阳（今属广东），积蓄力量，以图再举。六月，忽必烈任命张弘范为元军元帅，负责对南宋残余势力采取最后的行动。张洪范令水军从明州（今浙江宁波）下海，步军自泉州、漳州入潮州，水陆并进，欲围歼文天祥部，并另遣骑兵直下广州，切断文天祥西去之路。十二月中旬，文天祥撤出潮阳，准备再进江西，但元军在原文天祥部将陈懿的引路下，紧追不舍。二十日，文天祥来到海丰（今属广东）北面的五坡岭，元军突至，文天祥及其部下一起被俘。

1279年（宋祥兴二年，元至元十六年）正月，元军在攻占了崖山所有外围据点后，移军崖山，与南宋残部对峙。此时南宋所属尚有官属、民兵达20万人，战船1000余艘，以大船为主。而进攻的元水军约1万人，步军数万人，有大小船只300余艘。元军人数不占优势，战船之数不及南宋，且有水道不熟，驾船的水手多为闽、浙人，心向南宋等不利因素，但由于张世杰弃陆就船，以船结"城"，行动不便，而被元军轻易围困，只能被动挨打，处于十分不利的局面。同时元军一抵达崖山，即切断宋军淡水供应的通道，使宋军士兵无水可饮，只得饮用海水，饮即呕吐，大大影响了战斗力。

此时，张洪范让在押随行的文天祥前往崖山劝降，文天祥取出自己在经过珠江口外零丁洋时所作的《过零丁洋》诗以明心志："辛苦遭逢起一经，干戈寥落四周星。山河破碎风飘絮，身世浮沉雨打萍。惶恐滩头（在江西赣州赣水边，文天祥起兵处）说惶恐，零丁洋里叹零丁。人生自古谁无死，留取丹青照汗青。"张洪范见诗，甚为钦佩文天祥坚贞不屈、视死如归的大无畏精神，称誉道"好人好诗"，对他礼遇有加。

二月六日，元军决定对屡拒招降的崖山宋军发起总攻。七日，元军分四路出击，合攻宋军。宋兵用箭猛射，但元军早有防备，伏在布障下面，待到宋军箭石将尽，才鸣金撤障，发起强攻，宋军7条战舰顿时被摧毁，宋军因此溃乱。张世杰想强行掩护小皇帝的座船撤离，但座船庞大，又与其他战船连接在一起，不能动弹。此时天色已近傍晚，风雨交作，迷雾四塞，咫尺不辨，元军乘势进逼中军，举火烧船，宋军大乱。陆秀夫眼见事势不对，为免被元军俘虏，就将船中宝物都沉于海，仗剑逼其妻子蹈海自尽，再身穿朝服，登上帝昺的座船，背负天子投海而死。后宫、官员、士兵纷纷随之蹈海自尽，死者数万人。南宋流亡政权至此最终覆灭。

眼见局势已经无望，张世杰乘乱砍断缆绳，率10余艘战舰冲出重围，夺港而去。待元军兵退后，张世杰返回崖山收拾残兵，以图再战，又被元兵击败。五月初，张世杰船队遭遇飓风，溺水而死。

崖山之战后，文天祥被解赴大都，坚决不降，而被囚禁于狱中。1282年（元至元十九年）冬，河北中山府人薛保住聚众千人反元，扬言欲劫文天祥为帅，并有传言说京城卫兵将放火接应，于是京城中人议论纷纷，满城惊恐。元世祖忽必烈还是想劝降文天祥，以利于其对汉民的统治，但仍然为文天祥所拒绝，使忽必烈最后下了杀文天祥的决心。十二月九日，文天祥于大都柴市慷慨就义，终年47岁。文天祥在被囚的3年多时间里，撰写了大量的诗文，其中影响最大的为《正气歌》。其诗云："天地有正气，杂然赋流形。下则为河岳，上则为日星。于人曰浩然，沛乎塞苍冥。……时穷节乃见，一一垂丹青……"其中浩然正气直薄云天。

在文天祥就义的同时，出于相同的原因，忽必烈将居住于大都的宋端宗及南宋宗室迁往上都。次年，谢太后病死。宋端宗长大后被迫出家为僧，被送至吐蕃（今西藏）学佛法，并于1323年（元至治三年）被元英宗所赐死。

南宋自1127年宋高宗中兴以来，先与金廷、后与蒙古（元）南北对峙，直至此崖山一战，才结束了其偏安江南153年的历史，也成为整个赵宋王朝的终结。元世祖忽必烈也直至此时才终于实现了自古帝王梦寐以求的"天下一统、四海一家"之"大一统"理想。

大 事 记

1127 年　宋高宗建炎元年，金太宗天会五年

三月初，金人立大楚傀儡政权。四月，金人掳宋徽宗、钦宗父子北撤。张邦昌退位。

五月一日，宋康王赵构于应天府即位，是为宋高宗。南宋建立。

1128 年　宋建炎二年，金天会六年

七月，宋东京留守宗泽卒，谥忠简。

1129 年　宋建炎三年，金天会七年

三月，宋御营将领苗傅、刘正彦兵变，迫使宋高宗退位。

次月，兵变失败。

十二月，金将兀术破临安府，宋高宗逃难海上。

1130 年　宋建炎四年，金天会八年

三月，宋将韩世忠与金军激战于镇江黄天荡。

九月，金立刘豫为傀儡皇帝，国号齐。宋、金两军大战于陕西富平，宋兵溃败。

十月，宋将吴玠败金将兀术于和尚原。

1131年　宋绍兴元年，金天会九年

八月，宋川陕宣抚制置使张浚冤杀大将曲端。宋拜秦桧右相兼知枢密院事。

1134年　宋绍兴四年，金天会十二年

二月，宋将吴玠、吴璘败金军于仙人关。

六月，宋将岳飞收复襄阳等六州失地。

1135年　宋绍兴五年，金熙宗天会十三年

六月，宋将岳飞破洞庭湖水寨，鼎州农民起义军首领杨太遭擒杀。

1137年　宋绍兴七年，金天会十五年

八月，宋淮西大将郦琼叛降刘齐。

十一月，金废刘豫齐国。

1138年　宋绍兴八年，金天眷元年

三月，宋再拜秦桧右相兼枢密使，主持与金和谈事宜。

1139　宋绍兴九年，金天眷二年

正月，宋以金许还河南、陕西地，及归宋徽宗梓宫、归韦太后，大赦天下。

七月，金杀太师宗磐、左宰相宗隽等大臣。八月，金杀

燕京行台左丞相挞懒等人。

1140年　宋绍兴十年，金天眷三年

五月，金熙宗下诏伐宋。

六月，宋将刘锜大败金兀术军于顺昌。七月，宋将岳飞连败金军于郾城、颍昌。

九月，金杀左丞相兀室等人。

1041年　宋绍兴十一年，金皇统元年

四月，宋高宗收三大帅张俊、韩世忠、岳飞之兵权。

十月，岳飞下狱，韩世忠罢枢密使。

十一月，宋、金订立"绍兴和议"。

十二月底，宋高宗杀岳飞及其子岳云、部将张宪。

1142年　宋绍兴十二年，金皇统二年

八月，金归宋徽宗夫妇灵柩和韦太后于南宋。

1149年　宋绍兴十九年，金海陵王天德元年

十一月，金熙宗杀皇后裴满氏。

十二月，金大臣完颜亮杀金熙宗自立，是为海陵王。

1150年　宋绍兴二十年，金天德二年

十二月，金废都元帅府、行台尚书省，改革猛安、谋克制度。

是年，金海陵王杀大臣完颜秉德、完颜宗本、完颜宗懿、

唐括辨、撒离喝等人。

1151年　宋绍兴二十一年，金天德三年

四月，金下诏迁都燕京，次年改名中都。

1155年　宋绍兴二十五年，金贞元三年

十月，宋宰相秦桧卒。

1161年　宋绍兴三十一年，金世宗大定元年

九月，金海陵王自将三十二总管兵侵宋。

十月，金东京留守完颜雍自立于辽阳府，是为金世宗。

十一月八日，金军兵败采石矶。二十八日，金军兵变，海陵王被杀。

1162年　宋绍兴三十二年，金大定二年

六月九日，宋高宗"内禅"，自称太上皇帝。皇太子赵昚即位，是为宋孝宗。

1163年　宋孝宗隆兴元年，金大定三年

五月，宋军北伐金，惨败于符离。

1164年　宋隆兴二年，金大定四年

十二月，宋、金订立"隆兴和议"。

1194年　宋光宗绍熙五年，金章宗明昌五年

六月，宋孝宗死。宋光宗"禅位"，嘉王赵扩即位，是为宋宁宗。

是年，金郑王永蹈之子爱王大辨据五国城叛，金章宗派兵征讨。

1195年　宋宁宗庆元元年，金明昌六年

二月，宋右相赵汝愚罢，十一月安置永州，次年正月卒。

1196年　宋庆元二年，金承安元年

正月，宋加保宁军节度使韩侂胄开府仪同三司，权在宰相之上。

八月，宋廷"申严道学之禁"。次年十二月，置"伪学逆党籍"。史称"庆元党禁"。

1198年　宋庆元四年，金承安三年

是年，金于北边修筑壕障、边墙，以抵御蒙古诸部侵扰。

1206年　宋开禧二年，金泰和六年

五月，宋下诏伐金，史称"开禧北伐"。十月，金军兵分九路，大举反击南宋。

十二月，金封宋叛将吴曦为蜀王。铁木真建立蒙古汗国，称成吉思汗。

1207年　宋开禧三年，金泰和七年

二月，宋将杨巨源、李好义等杀吴曦。

十一月，宋吏部侍郎史弥远等矫诏杀韩侂胄于玉津园侧。

1208年　宋嘉定元年，金泰和八年

三月，宋、金订立"嘉定和议"。

十月，宋拜史弥远为右相。

1209 年　宋嘉定二年，金卫绍王大安元年

是年，蒙古侵西夏，西夏献公主求和。金、蒙古绝交。

1211 年　宋嘉定四年，金大安三年

二月，蒙古成吉思汗大规模侵金。

1213 年　宋嘉定六年，金宣宗贞祐元年

八月，金将纥石烈执中政变，杀卫绍王。金宣宗继位。

1214 年　宋嘉定七年，金贞祐二年

三月，蒙古围金中都，迫金献金宝求和。

五月，金宣宗下诏迁都汴京。

1215 年　宋嘉定八年，金贞祐三年

五月，蒙古攻占金中都。

1217 年　宋嘉定十年，金兴定元年

是年，金发兵侵宋。

1220 年　宋嘉定十三年，金兴定四年

二月，金封建九公。

1221 年　宋嘉定十四年，金兴定五年

六月，宋与蒙古互遣使通好。

1224 年　宋嘉定十七年，金哀宗正大元年

六月，金哀宗宣布"更不南伐"。

闰八月，宋宁宗死。立赵昀为帝，是为宋理宗。封赵竑为济王，出居湖州。

十月，金、西夏约为兄弟之国。

1225年　宋理宗宝庆元年，金正大二年

正月，湖州人潘壬、潘丙等谋立赵竑为帝。事败，赵竑被逼自杀。史称"湖州之变"。

1227年　宋宝庆三年，金正大四年

六月，西夏投降蒙古，西夏灭亡。

1231年　宋绍定四年，金正大八年

六月，蒙古军强行假道南宋境内以伐金。十一月，蒙古军越过宋饶峰关趋汴京。

1232年　宋绍定五年，金天兴元年

正月，蒙古军大败金军于三峰山，金大将死亡殆尽。

十二月，金哀宗出奔归德。

1233年　宋绍定六年，金天兴二年

六月，金哀宗入蔡州。蒙古约宋攻金。九月，蒙古军围攻蔡州。十一月，宋军来会。

1234年　宋端平元年，金天兴三年

正月，金哀宗传位完颜承麟。蔡州城破，金哀宗自缢，完颜承麟战死，金朝灭亡。

六月，宋军出兵收复河南三京。七月，被蒙古军击败而还。史称"端平入洛"。

是年，宋理宗召用理学官员真德秀、魏了翁等，史称"端平更化"。

1235年　宋端平二年

秋，蒙古军分三路侵宋，宋蒙战争全面爆发。

1259年　宋开庆元年

七月，蒙军屡攻宋合州钓鱼城不克，蒙哥大汗死于城下。

1260年　宋景定元年，蒙古世祖中统元年

三月，忽必烈继承蒙古大汗位，是为元世祖。

四月，吴潜罢左相，贾似道擅权始此。

1261年　宋景定二年，蒙古中统二年

是年，宋推行"打算法"。

1263年　宋景定四年，蒙古中统四年

二月，宋推行"公田法"。

1268年　宋度宗咸淳四年，蒙古至元五年

九月，蒙军围攻宋襄阳、樊城。

1271年　宋咸淳七年，元至元八年

十一月，蒙古改国号为"大元"。

1273年　宋咸淳九年，元至元十年

正月，蒙军攻破宋樊城防线。二月，宋襄阳守将吕文焕降元。

1274年　宋咸淳十年，元至元十一年

六月，元世祖正式颁发伐宋诏书，分兵三道攻宋。

1275年　宋恭宗德祐元年，元至元十二年

二月，宋、元激战于丁家洲，宋军溃败。

七月，宋贬贾似道官，循州安置。

1276年　宋端宗景炎元年，元至元十三年

正月，元军至临安城郊，宋廷奉表请降。

三月，元帅伯颜进临安城。宋恭宗与后宫、宗戚、大臣等北迁元大都。

五月，宋陈宜中、张世杰、陆秀夫等人拥立益王即位，是为宋端宗。

1277年　宋景炎二年，元至元十四年

八月，宋文天祥兵败江西，走广东。

1278年　宋帝昺祥兴元年，元至元十五年

六月，宋流亡政权移屯新会崖山。

十二月，元军围攻宋文天祥军，文天祥败走海丰，于五坡岭被俘。

1279年　宋祥兴二年，元至元十六年

二月，元军对崖山总攻，宋军大溃。陆秀夫背负帝昺投海而死，南宋最终覆灭。

后 记

古哲人尝言："国之大事，在祀与戎。"国家祭祀大典此且不论，宋型文化或宋韵文化虽为世人所艳称，但纵观两宋三百余年历史，却几乎与战火相始终，缠绵难解。宋初与辽（契丹）殊死搏杀数十年，好不容易因双方势均力敌而签署"澶渊之盟"，化剑为犁，歌舞升平。却又好景不常在，未过数年，西北党项人崛起，至宋仁宗时，已惯于文恬武嬉的宋人在党项骑兵的冲击下，竟然连战大败，不得已通过输送钱帛来与西夏订下和约，但党项军兵却仍时常越境侵扰边民。宋人于是痛定思痛，开始"庆历新政""熙丰变法"两场变法运动，以期变法图强，进而恢复汉唐旧疆。不过，熙丰变法也引起剧烈党争，经"元祐更化"、哲宗"绍述"至"党籍碑"，宋徽宗君臣将政治反对者一网打尽，遂恣意妄为，侈靡享乐。但好大喜功的宋徽宗又禁不住乘辽国势衰微、北征收复燕云地区以祖宗未曾达到的"一统天下"伟业巨勋的诱惑，主动联络北国新兴的女真人组成联军破辽。结果，一敌方灭，女真铁骑借灭辽之势，一举攻破汴京，北宋灭亡。侥幸漏网的徽宗之子高宗辗转江南，建立起南宋小朝廷。虽然宋为自保，尝多次北伐作战，但败多胜少；期间也尝与金之间订立有屈辱的"绍兴和议""隆兴和议""嘉定和议"等，但宋、金关系之主旋律当属战争。此时，北方蒙古崛起，金无力抗拒，遂欲通过侵宋攫取补偿，于是宋、金间战火重开。蒙古为尽快攻灭金国，几次三番主动遣人联络南宋。于是宋、蒙古组成联军灭金。但宋军欲由此收复三京，构建沿黄河防线，因组织仓促混乱，"端平入汴"失败，宋、蒙（元）战火沿着西、中、东三大战区全面展开。经过数十年的攻防激战，宋军节节败退，元军进入宋都临安。两年后，宋廷残部覆没于崖山，宋朝灭亡。在这漫长的烽火或准备烽火的路上，出现无数可歌可泣的英雄豪杰，也闪现着众多肮脏无耻的嘴脸，或映辉于天地，或警鉴于后人。

这两部小册子乃是旧稿，十余年前应一家出版社之约，撰作涉及宋代历史文化普及之书，分作北宋、南宋两册。当时为免于其他相同体裁之作重复，故撰写时重点阐述宋与辽、西夏、金以及蒙（元）之间和战恩仇，并对辽、西夏、金以及蒙（元）国内的政治、军事情况多有介绍，以便与宋朝情况对读。此二书后来因故未能出版。三二年前，出版社的王珺女史来聊天，谈论相关选题，我说起了这两部旧稿，承蒙不弃简陋，列入出版计划。此次出版，主要订正了一些错字与部分明显不妥之说法。书中存在的不足之处，尚祈师友不吝指正。

于 2023 年 7 月 4 日